凌雲 A-Plus Creative Company 文創

全新精華典藏版

感謝折磨你的人

挫折就是人生的轉折

凌越 編著

Say thank you to your enemy

挫折篇

雨果曾：「正因爲人生存在著挫折，我們才會找到生命的轉折，因此，應該把挫折當成鼓舞自己前進的力量。」

只要是人，就難免遭遇到困難和挫折，重點在於你是否懂得把它變成生命的重大轉折。想要有所成就，千萬不能老是抱怨自己怎會遭逢那麼多挫折，應該把這些挫折當成自己的跳板，試著勇敢面對它，人生才能出現關鍵的轉折。

• 出版序 •

相信自己，就能出人頭地

遭遇失敗挫折、嘲笑諷刺，都不用灰心喪志，只要告訴自己：

「別人能做到的，我一定也能！」

文壇大師白先勇曾說：「命運異於常人時，你只有去面對它，並接受，若一味逃避、怨憤、自憐，都無法解決你的難題。」

生命不可能沒有創傷，人生也不可能盡是坦途，失敗受挫在所難免，我們該做的是藉著這些來自環境的折磨，激發出自己的驚人潛力，讓挫折變成生命重要的轉折。

詩人拜倫曾經說過：「折磨是通往成功的第一段道路。」

雖然，人的一生當中，可能會遇到各式各樣的困難和挫折，但是一個想要成

功的人，必須懂得和這些困難和挫折和平共處，因爲，它們可是我們邁向成功大道的必經之路。

別人做得到的，你一定也能做到，只要你願意付出的跟別人一樣多，面對相同的目標、相同的終點，只要肯努力，你也一定會到達。

「別人能做到的，我一定也能」，一定要這樣充滿信心，鼓足勇氣，給自己多一些實現目標的積極動力，你就比別人多一些成功的保障。

有個出身奴隸階級，名叫狄斯雷利的英國男孩，經常充滿信心地對人說：「別人做得到的，我一樣也能！」

猶太裔的狄斯雷利，血管裡似乎眞的流著猶太人頑強不屈的血液，從來不認爲自己是個奴隸，更不認爲自己將來會是社會底層的卑微人物。

他堅信，憑著自己的智慧、信心和努力，任何障礙都能戰勝，並且成功跨越。

就算整個世界都和他作對，他也會不斷用歷史名人的光輝業績來提醒自己：

約瑟，是四千多年前埃及的最高主宰，丹尼爾則是在基督誕生前五世紀，成為世界上最偉大的帝國元首……

志向遠大的狄斯雷利，從小就堅持著自己的夢想，將努力實踐的企圖心，深深紮根於現實生活中。他從社會的底層開始努力向上爬，一步步踏上中產階層的行列。後來，經過不懈的努力和奮鬥，終於讓他進入英國的上流社會，最後還登上了權力金字塔的頂峰，當了二十五年英國首相。

在狄斯雷利通往成功的道路上，遇到的荊棘和坎坷，或面對的蔑視、嘲諷，以及後來眾議院裡的噓聲、辱罵，都要比別人多上一倍，但是，他都一一勇敢面對，也一一加以抵抗，一點也不讓這些屈辱阻擋了他前進的腳步。

每當面對挑戰，他總是冷靜地回答說：「總有一天，你們會認識我的價值，總有一天，我的成功也一定會到來。」

英國作家湯瑪斯·富勒曾經如此寫道：「折磨可以使人變得更堅強，儘管不

能使人變得更富有。」

人生不可能一直都過得舒適、愉快，因此我們必須做好隨時接受折磨的心理準備，試著將那些曾經折磨過自己的人，都當成人生過程中不可多得的貴人。

狄斯雷利這個曾經被許多人否定過的男孩，終於憑著智慧和信心出人頭地，而且還主宰了英國的政局整整四分之一個世紀。

遭遇失敗挫折、嘲笑諷刺，都不用灰心喪志，只要像狄斯雷利那樣告訴自己：「別人能做到的，我一定也能！」

類似的話語也經常出現在其他成功人物的談話中，告訴我們從出生開始，每個人的機會就站在平等線上，所有的差距都在於個人努力與否。

別人能，你一定也能，只要不斷努力，不斷增強自己的能力。

如果你目前能力還不如別人，那麼你只要再多付出一些時間，增進自己的智慧和信心，堅持下去，你也能到達得標終點，拿到生命中的錦旗。

• 本書是《感謝折磨你的人：面對挫折篇》全新修訂本，謹此說明

出版序 相信自己，就能出人頭地

PART—1

忘掉過去，才能走出憂鬱

我們隨時都能走出憂鬱煩悶，忘掉不如意的過去。時時保持好的念頭，如此才會有美好的未來等著我們。

PART—2

放鬆心情 才能享受愉快人生

出現問題，正表示你即將減少一個問題；出現困難，那正表示，距離成功的目標又更進一步了。

PART—3

只要抱持希望，就能找到陽光

再惡劣的環境一樣有生存的空間，只要我們能給自己一顆明亮的心，相信希望。多給自己一點生存下去的力量，一樣能開創未來的幸福家園。

PART—4

用堅強的自信笑看人生

把苦難和折磨視為生活的一部分，以頑強的生命力面對突如其來的意外和坎坷，用堅強的自信笑看人生。

PART—5

感謝那些讓自己傷透腦筋的人

應該感謝現實生活中那些讓人傷透腦筋的人，正是他們，我們才得以不斷開發思維的深度與廣度，把為人處世變成生活藝術。

PART—6

忘不了過去，讓人看不見危機

不論是在成功前還是成功後，隨時都要提醒自己：「再強的聚焦燈束終會休息關閉，不要忘不了風光的過去！」

PART—7

品味苦澀之後的甜美

吃點苦頭吧！人生太過順遂反而容易消磨掉我們的志氣，耗損生命本身的活力。辛苦走到盡頭，終有品嚐到苦味回甘的時候。

PART—8

失意之際，更應該激勵自己

失意時，唯有靠自己才能再次找回希望；悲傷時，更唯有自己才能激勵自己重新振作。

PART—9

找出興趣便找到了未來

只要我們知道要怎麼開始邁向成功，知道自己真正的需要，如此我們才能在決定下一步路時，不再選錯了開啟未來人生的鑰匙。

PART—10

一味追求物質 無法使心靈滿足

以物質滿足為要的人，容易迷失自己，也容易走向失敗之路；反之，不易受物質誘惑且懂得充實心靈的人，能腳步沉穩地走向成功。

1.

忘掉過去，
才能走出憂鬱

我們隨時都能走出憂鬱煩悶，忘掉不如意的過去。時時保持好的念頭，如此才會有美好的未來等著我們。

積極面對生命，才能戰勝困境

不能忘了「人生終有轉機」的道理，只要我們別再和困境保持距離，而是積極上前與之交手，終會重新展開自己的美麗人生。

不能堅持到最後一秒的人不可能成功，事後無論如何強調自己先前付出多少努力，也只能算是空談。

人生路長，能事事都堅持走到最後一秒的人並不多，大多數人常在最後一秒前揮灑著汗水，然後不滿地說：「我不幹了！」

只是，他們總在這麼說的同時，一放手，才發現原來希望就在身邊，而那個心心念念已久的成功，可能只要再堅持一下就能達到。

「繼續走完下一里路！」

這是戰地記者西華．萊德經常和人們分享的一句話，還說這是他今生聽過的最佳忠告。

當時的情況是這樣的，時值二次世界大戰，他和幾個伙伴從一架毀損的運輸機上跳傘逃生，迫降在緬印交界的樹林裡。

當時，他們唯一能做的便是前往印度，但是，這段路程長達一百四十英里，還得在酷熱的八月天前進，更得忍受季風隨時帶來的暴雨侵襲，而且，就算他們能翻山越嶺，也不見得能走到目的地。

「那時才走了一個小時，我靴子裡的鞋釘便扎到了我的腳，登時血流如注，非常疼痛。當時我想，這樣能走完一百四十英里嗎？其他人的情況和我也差不多，有些甚至還更糟糕，他們能不能繼續走下去呢？」這段記憶對西華．萊德來說是十分辛苦的，當他談起時，其中的痛苦依然歷歷在目。

「當時大家都認為完蛋了，但無論怎麼悲觀，我們已無退路，路仍然得走下去，為了能趕在天黑前找到休息的地方，我們只好硬著頭皮走完下一里路。」西華．萊德如是說道。

就是拼了命也要達到目標的精神，讓西華．萊德從此以後不再輕易放棄目標，因為他知道，只要決心硬著頭皮繼續，目標終究會達成的！

後來，他從記者轉而成為作家，也展開了二十五萬字的創作計劃。當時，他曾差點放棄創作之路，但最終以「走完一里路」的決戰精神，鼓勵自己要以「不管結果如何，只須積極前進」的態度迎向挑戰。

於是，他給自己六個月的時間，這段時間裡除了寫作，什麼事情也不做，終於讓他完成二十五萬字的作品。

讀完西華．萊德的故事，不知道帶給你什麼樣的啓發？

生活確實會遇上一些瓶頸和困境，只是無論難題有多難，最終我們還是得迎

向前去。

好像西華．萊德一般，無論是在戰場上，還是在寫作路上，遇到困難，最多也只能輕嘆一口氣，最終還是要面對解決，即便放慢腳步休息，最後還是得繼續前進。

面對生活中各式各樣的困難，多給自己一點勇氣和信心吧！

特別是，如果自己的目標相當明確，那麼眼前的困難更不該成爲阻礙，無論如何，咬緊牙關走下去吧。

即便遇上了巨大阻礙，眼前該做的，不應是埋怨敲打那顆巨石，而是要冷靜仔細看清它身上的弱點，然後找出可以輕鬆擊倒它的契機。

重回故事中，西華．萊德的精神告訴我們，遇上難關，如果只是逃避害怕，問題不僅不會消失，還會越來越大。

無論如何都要不放棄自己和希望，即便處在再壞的情況下，都不能忘了「人生終有轉機」的道理，只要別再和困境保持距離，而是積極上前與之交手，終會戰勝困境，揮別過去，重新展開自己的美麗人生。

走出過去，未來才會更順利

忘掉不如意的過去，告訴現在的自己「我一定能」，那麼無論眼前我們面對怎麼樣的難題，相信一定能走出難關，迎接美好的未來。

德爾頓曾說：「過去的成功或失敗，都是你邁向未來的最大阻礙。」

的確，一個人最怕的就是沉浸於過去的成功或身陷於過去的失敗當中，因而讓自己躊躇不前。想做一個擁有「未來」的人，就必須徹徹底底地將「過去」忘掉，不論過去有多少豐功偉業，不論過去有多麼不堪回首，都應該將這些已經過去的「過去」，徹底地從腦海中刪除。

每天我們都會看見黃昏夕陽，也會等到晨曦朝陽，何妨把黑夜視爲休養生息

的好時候，等到朝陽再現，我們自然會知道怎麼走出去，也懂得怎麼面對風雨將來的困厄。

人生路漫長，時時都會看見黑暗的烏雲，也時時都會看見熱情的太陽，只要我們不放棄自己，不把自己關在「過去」的暗室裡，一定能在積極信念引領下，看見生命的活力與智慧。

過去，她總是認為人生只有疾病、愁苦與不幸，生活總是黑暗灰澀的。

故事得從她的第一任丈夫說起。就在她婚後不久，丈夫便去世了；緊接著她再婚，卻沒想到第二任丈夫竟然出軌，還拋棄了她，和一名已婚的女子另築愛巢。

經歷兩段無法圓滿走到盡頭的婚姻後，她決心把全部心思放在兒子的身上，可是老天爺偏偏不把幸福賜給她，因為貧病交加，她不得不將兒子送走，那年孩子才四歲。

一連串戲劇化的痛苦遭遇，讓她幾乎要放棄自己了。就在某個寒冷的夜裡，她在街上走著，忽然一個腳步不穩，滑了一跤，重重地跌在結冰的地面上昏了過去。這次跌倒撞壞了她的脊椎，導致出現了嚴重的痙攣。

她的身體狀況已經夠糟了，這一跌也跌掉了她半條命！醫護人員都認爲她活不久了，醫生認爲即使奇蹟出現，她恐怕也無法再站起來行走了。

躺在病床上，她翻開《聖經》閱讀，一直讀到馬太福音這段：「有人用擔架抬著一個全身癱患的信徒到耶穌面前，耶穌對他說：『放心，你的罪已赦免了，快起來，拿著你的褥子回家去吧！』那個人忽地站了起來，回家去了。」

「我一定能站起來！」她對自己說。

自此，她靠著耶穌這句話的力量，積極地活下去。她認爲那是一種讓她相信自己會再站起來的力量，這個力量也果眞讓她成功離開病床，開始行走。

「那個經驗，就像是引發牛頓靈感的那顆蘋果一般，讓我發現自己是怎麼康復起來，也讓我知道，我可以藉由這個經驗去幫助別人。」她對著驚嘆這個奇蹟的人說。

「那是上帝的力量嗎？」那人問。

「不，這一切的關鍵源自於思想，這一切影響力都是自己的心理現象，是你的力量！」她斬釘截鐵地說。

這個傳奇故事的女主角便是信心療法的創始人——艾迪太太。

面臨人生最困難的時候，你是怎麼告訴自己的？是用情緒怒吼老天爺的不公，還是輕嘆人生的無常？又或者，你會像艾迪太太一樣，聰穎地尋找生命本有的動力和希望？

你我到底能不能忘掉不如意的過去，其實答案早在我們的心中。人生好壞全憑自己的認定，當別人可以在一路顛簸的人生旅程中仍然笑說「愉快順利」時，爲什麼我們卻困在小小波折中大嘆「天地不公」？

人生最終的結果是歡喜或悲哀，其實都是源自於我們自己的選擇！一如艾迪太太，從悲觀感嘆中轉變成希望積極的生活觀，正是由她決定的。

人生不應該是一連串愁苦與灰澀，人生會有什麼樣的面貌和風情，全看將畫筆執於手中的我們，怎麼去彩繪構圖了。

看了這個故事，我們可以領會艾迪太太悟得的智慧：「相信自己的力量。生活中的悲傷歡喜會交互替換出現。轉眼悲傷，但也在轉眼間便能歡笑開心著，一切全看我們怎麼選擇。如果連最基本的權力都不懂得掌控，恐怕連上帝也幫不了我們！」

艾迪太太的故事可以勉勵正走在不順遂道路上的人們，只要我們不再欣羨他人的幸運，不再埋怨上天的不公，給自己多一點積極的思考，忘掉不如意的過去，告訴現在的自己「我一定能」，那麼無論眼前我們面對什麼樣的難題，相信一定能走出難關，迎接美好的未來。

主動出擊，才不會錯失良機

凡事出於自己的主動，才會有後續的前進與成功，只要下定決心，實現夢想、開創未來的機會一定能握在你我的手中。

再好的機會環境，總還是有人無法把握看見，反之，再差的環境中，我們總還是能看見有人成功現身，引領風騷！

原因無他，因爲後者從來不管大環境如何，他們只問自己：「想不想闖出一片天？」只要答案是肯定的，那毫無疑問的，他們只管往前衝，也積極前進，不達成功目標絕不罷休。

正困在失敗落寞中的人，不妨想想自己是否也有相同的企圖心呢？

廿世紀三〇年代初，世界正陷入經濟大蕭條時期，當時環境很差，人們能賺的錢不多，甚至有不少人是勒緊褲帶度日的。

多倫多有一位年輕的畫家，生活陷入貧困。他只會繪畫，但在這個連肚子都塡不飽的時代，人們哪有多餘的錢買畫？

年輕畫家看著一張張傑出的木炭繪畫，嘆道：「畫得再好也賣不出去啊！」

只是賣不出去也得想辦法賣，這是他唯一有自信的謀生能力。

當時他在畫界只是個無名小卒，根本沒人知道，心想：「一般人肯定買不下手，願意掏錢的也只有有錢人了！」

想靠賣畫養家，當然只能找有錢人，畢竟只有他們才有閒錢消費。有一天他向報社資料室借了一份印有加拿大某銀行總裁的肖像畫冊，借回家後便開始照著畫，畫完後還把它裱框起來。

這幅炭筆作品極其卓越，年輕畫家感到非常滿足，想帶著這幅畫作去求見那

位銀行總裁，希望能獲得賞識！

可是在商界，他半個朋友也沒有，想請人引見是不可能的，即使主動求見，對方必定會拒絕。轉念間，他想到了一個方法：「嗯，不妨一試！」

他認眞地打扮一番，來到那位總裁的公司，向秘書提出見面的請求。秘書揮手拒絕：「對不起，您未事先約好，總裁現在不方便。」

「眞可惜，其實我是想拿這幅畫給他看。」畫家立即將圖畫展示給秘書看。

秘書看了看畫，猶豫了一會兒，然後說：「你等一等，我馬上回來。」

秘書將畫送進總裁辦公室後，旋即出來：「總裁想見你。」

畫家帶著微笑走進去辦公室，看見總裁正笑著欣賞那幅畫。

「年輕人，你畫得眞好，我要出多少錢才可以買下它呢？」總裁問。

畫家聽了，先是吐了一口氣，然後說：「一百塊美元。」

「好！」總裁大方地答應。

常有人會問：「機會在哪裡？」

事實上，機會一直在你手裡！

一如故事中的年輕畫家，凡事出於自己的主動，才會有後續的前進與成功。若是只會一味質疑機會的有無、環境的好壞，或等待別人伸手幫忙，自己的腳步卻始終不願移動，行動力始終不見，又有何資格質疑機運的優劣？

找出自己的本事，也給自己更多自信，然後以行動實踐，只要我們積極前進，所謂的環境或先天的命運、不順的過去根本阻礙不了我們。只要下定決心，實現夢想、開創未來的機會一定能握在你我的手中。

就像故事中年輕畫家告訴我們的心得：「機會就在我手中，我知道自己的能力是什麼，只要我下定決心行動，那麼每一個跨步都會是成功的足印！」

忘掉過去，才能走出憂鬱

我們隨時都能走出憂鬱煩悶，忘掉不如意的過去。時時保持好的念頭，如此才會有美好的未來等著我們。

人在徬徨迷惑的境遇中，最容易懷疑自己存在的價值，最容易用負面情緒折磨自己。

正因爲胸臆中充滿懷疑與憂慮，往往不懂得珍惜自己，唯有盡快忘掉那些不如意的過去，人才能活得更亮麗。

生活中發生的事情都會過去，心情再煩悶，也都要讓它跟著事過境遷，因爲，再多的懊悔也不可能重返當時，與其哭泣已經發生的意外，與其著急剛發生的錯誤，不如學會冷靜，靜待風雨過去。

挫折再多，也要樂觀面對生活。如果渴望快樂無憂的生活，那麼就多給自己一些愉快的念頭，多給自己一些笑容，很快地我們便能聞到快樂的芬多精，聽見發自心底的歡笑聲。

比爾走路時不慎被地上的石頭絆倒，跌坐在地上，原來低落的情緒又更沮喪了。他的雙手抱了一只大箱子，裡面放了兩件運動衫、一根球棒、一副棒球手套，以及隨身聽和好幾本書，但這會兒箱裡的東西全都散落一地。

這時，馬克正巧經過他的身邊，連忙上前幫比爾將散落一地的東西撿起。

東西整理好後，比爾十分感激馬克，便和他邊走邊聊。

一路上，比爾和馬克分享他的興趣，從電動玩具講到棒球，再從歷史課聊到物理課，最後，甚至與馬克分享失戀的痛。

不久之後，比爾的家到了，他熱情地對馬克說：「進來我家坐一會兒吧！喝

瓶可樂好不好？」

馬克大方地說：「好。」

一整個下午，兩個人開心地聊天，十分愉快地過了一天。

從那之後，他們兩個人經常在校園裡遇見，偶爾還會約好一塊吃午餐，久而久之就成爲好朋友。

就在他們即將畢業的某一天，比爾對馬克說：「我想和你談一談！」

馬克困惑地回應：「發生什麼事？」

「我只是想問你，還記不記得我們第一次相遇的時候？」比爾說。

馬克笑著說：「記得。」

「那天我帶那麼多東西回家，你知道爲什麼嗎？」比爾問。

馬克搖搖頭說：「我從未想過這個問題，難道……有事？」

比爾說：「嗯，那天我其實準備自殺！」

「自殺！」馬克滿臉驚訝。

「是啊！那天我想自殺，因爲我被交往多年的女友拋棄。但沒想到卻遇見了你，就在和你愉快地交談之後，我才發現，人生其實還有許多美好的人事物，就像那段快樂交談的時光。也使我意識到，如果我結束了自己的性命，便不會再擁有那樣快樂的時光。因為你，才有今天的我，所以，我想向你說聲謝謝！」比爾嚴肅地說。

馬克一聽，揮揮手說：「別謝我，謝你自己吧！」

常有人說，生活如此忙碌，日子如此苦悶，老是感到不快樂。只是，心中存滿牢騷憂鬱的我們，真的找不到快樂嗎？

當然不是，我們不是常說「捨」和「得」這兩個字嗎？有捨自然有得，如果懂得捨棄過去的「苦悶」、「不快樂」，那麼我們心中不就有空間可以容納未來將擁有的每一個「快樂」了？

也許有人會說，事情沒有我們想像中那樣容易，甚至，接著又開始訴說生活有多麼辛苦，心情又有多麼的鬱悶，是不是呢？

只是，丟出那麼多的煩悶情緒，對我們又有多少幫助？事實上，只是多添更煩憂的心情啊！

認眞問自己，眞的喜歡生活在這樣煩悶埋怨的氣氛中嗎？若是不喜歡，那麼我們隨時都能走出憂鬱煩悶，忘掉不如意的過去。

就像比爾一樣，只要把心情目標轉移，隨時都以開朗的心情面對人生，即便生活遇上了困厄，只要保持樂觀思考，相信困境終能走過。

時時保持好的念頭，那麼「壞念頭」自然沒有機會佔據腦袋瓜，如此才會有美好的未來等著我們。

學會放下，才能真正走出悲傷

與其不斷累積我們心中的悲傷仇恨，不如學習放下吧！那更能為自己謀得平靜且幸福的明天，和減少遺憾發生的未來。

心中的悲傷仇恨只會讓我們永遠陷在痛苦中，因爲放不下、看不開而苦悶的人，從來都只有我們自己啊！

所以，把該放下的放下吧！面對已經發生的事情，別讓自己一直處在「發生當下」的情緒中，因爲日子會一直往前走，明天會有明天要面對的生活，何不讓昨天的悲傷留在昨天？

一場醫療意外，醫院與患者之間展開了一場官司。

因爲意外已經發生，院方有自己的考量，醫生也有自己的說辭，同屬醫院成員當然同一個鼻孔出氣。

經過嚴密且細膩的謀劃，院方由院長親自帶領院方的代表、律師以及肇事的醫生面對死者家屬。

至於死者家屬只有受害者的妹妹一個人，不過尙有其他朋友和她站在一起，現場氣氛十分緊張凝重。

回想起聽聞姐姐死亡的那一刻，妹妹當時便昏了過去，之後又聽說是醫生失誤所致，更讓她痛恨不已。

回想起當初，姐姐因爲患有眼疾，父母親努力再生一個健康的寶寶，才有她的到來。後來，父母相繼去世，只剩她們姐妹兩個人相依爲命。姐姐對她很疼愛，總是省吃儉用，只爲了供她上學。眼看著她就要畢業了，終於可以好好回報姐姐的恩情，沒想到姐姐卻不幸死於這個漫不經心的醫生的誤診。

就醫院方面來說，他們當然知道這件事的嚴重性，所以院長親自坐陣，想把問題化解開。他們準備了好幾個對策，包括賠償金額的上限，以及將肇事醫生暫時停職或是解除合約……等等條件。此外，他們還想盡辦法要從患者身上找出問題，好減輕自己應負的責任。

這時候，門外的腳步聲出現，不一會兒一位護士走了進來，並交給院長一張紙條，只見院長表情十分嚴肅地反覆看幾次，接著便將紙條交給辦公室主任：「你唸給大家聽吧！」

辦公室主任站了起來，唸道：「我姐姐遭遇如此不幸，醫生和院方都難辭其咎，但人都已經走了，就算得到再多的賠償金，或要求失誤的醫生去坐牢又如何？我親愛的姐姐也無法活過來了。這官司我不想打了，我只希望院方所有人員能深深自省。現在，我依照姐姐生前的遺願，要將她的遺體捐出，供做醫學研究之用。亡者家屬。」

主任把留言讀畢，辦公室內頓時變得更加安靜無聲，直到「嘶」的聲音出現劃破安靜，那是醫師將他們精心準備的假資料撕得粉碎的聲音！

看完故事，你是否也淚光輕泛？

想起一個個相似的眞實故事出現在新聞畫面中，我們不難看見驚人的憤怒嘶吼聲與哭泣聲，也不難等到後續要求賠償的新聞追蹤，對照著這則故事的結局，想必帶給你很不一樣的啓示吧！

其中的是非對錯我們很難做出最好的評論，甚至是判決，畢竟生離死別這種事眞得親身經歷時，才能眞正地感同身受，也才能知道該如何放下的智慧。

該放下的時候就要放下，只有放下心中的陰霾，我們才能更平靜地迎向未來。誠如故事中妹妹寫的信所言，她要我們明白的是：「眼前我們要學習的是如何走出悲傷，而不是繼續自困在仇恨與對立的情境中！」

的確，人都走了，爭得再多，亡者也用不到，爭得金錢與給予責罰，生命依然無法重生，那麼與其持續困在悲傷的糾葛之中，我們何不用更寬闊的心去面對

這場錯誤？

「就從這個嚴重的錯誤中記取教訓吧！」這才是我們應該牢記的。

事實上，原諒的力量往往大於仇恨責罰，看看醫生最後用力撕毀假資料的動作，我們不難預見，他未來一定會以更嚴謹的態度從醫。

與其不斷累積我們心中的悲傷仇恨，不如學習放下吧！那更能爲自己謀得平靜且幸福的明天，和減少遺憾發生的未來。

有了成就也不能忘了朋友

許多人對成功之道不難明白，但唯獨對人情世事總缺少了一份關懷。成功的喜悅只在剎那間，唯有出現在你我身邊的平淡人事物才能永恆。

做人不是不能懷有私心，只是也不能忘記人情，如此我們才能在滿足自己的需要慾望時，還能同時擁有豐富的朋友資源，這點是那些站上人生高峰的人體悟出來的道理。

畢竟站上高峰，能擁有的朋友不多了，其中或許有人是刻意疏離，但也少不了不經意鬆開的感情鍊。這時，我們若能即時提醒自己積極把握，那麼你我渴求的友愛情誼，便會不時出現關心問候彼此。

兩座相鄰的山上，分別有一間寺廟，寺廟內裡各住著一個和尚。在這兩山之間有條清澈的溪流，是此地飲水的重要來源，因此兩個和尚每天都會在同一個時間下山挑水，並在溪邊相遇。

久而久之，他們因挑水之緣結成好朋友，時間飛逝，不知不覺，兩個人相識已經五年了。

有一天，左山的和尚不知何故未下山挑水，右山的和尚這麼想著：「也許他睡過頭了。」

第二天還是不見左山的和尚，第三天也一樣，就這樣差不多過了一個月後，右山的和尚忍不住想前往左山探視老友。他心裡想：「他該不會是生病了吧！我還是去看看，若是真的有事，也許能幫點忙。」於是，他即刻動身前往左山探望老朋友。當他到達左山廟宇門前時，卻看見老朋友正在廟前打太極拳！

「太神奇了，他一整個月都沒有喝水，居然精神還能保持得那麼好。」右山

的和尚驚呼道。

「嘿！」右山和尚大聲呼叫。

「嘿，是你啊！」左山和尚招呼道。

「你已經一個月沒有下山挑水了，難道你不用喝水嗎？」右山和尚問道。

「挑水？哦，請你跟我來！」左山和尚引著右山和尚到後院去。「我每天做完早課後，便會抽空挖這口井，算來也有五年了。」左山和尚指著一口井說。

「挖井？」右山和尚瞪大眼睛看著他。

「是啊，我們現在年輕力壯還能自己挑水，但總有一天會老，等到年老無法走動時，誰會挑水給我們喝？我可不敢指望別人幫忙，凡事還是自己來保險些，所以努力嘗試挖井，能挖多少就算多少，沒想到終於讓我挖出一口水井，現在我可以省下更多時間去練我最愛的太極拳了。」左山和尚笑著說。

「未雨綢繆」是左山和尚挖井的用意，只是在這個故事中，我們還看見了另

一樣做人的道理！相信聰明的你也看見了，在籌謀未來的同時，也不能遺忘了人情世故，當右山和尚擔心著老朋友的時候，你是否也跟著擔心了起來？

多數成功者是念舊的，因爲他們知道，一路辛苦達成目標，絕非單靠自己一人之力。從故事中的兩位和尚來探討，我們可以這麼說，五年來，因爲挑水「見面」的機會，不經意地塡補了他們生活的枯燥和孤獨。

因爲在心中留下了一個位置，所以右山和尚對左山和尚有掛念也有擔心，進而付出關懷的動作。反觀左山和尚一句話也沒有交代便消失無蹤，究竟誰才是眞情對待對方，我們不難看出。

延伸至人際交流上，許多人對成功之道不難明白，唯獨對人情世事總缺少一份關懷。我們藉由這則簡單故事思考，也輕輕叮嚀自己，成功的喜悅只在剎那間，唯有出現在你我身邊的平淡人事物才能永恆。只要我們認眞看待，未來他們依然會是我們最強的支持力量，甚至是會在需要時伸出援手的人生貴人。

無論我們有多忙碌，還是要找個時間和朋友連絡，除了讓他們不再擔心外，更重要的是，讓他們明白我們在乎他們，也需要他們！

將麻煩視為對未來的挑戰

機會總是在不經意間出現，聰明的人無論遇到什麼樣的難題，或被派任什麼樣的麻煩工作，總能從中發現挑戰未知的樂趣。

在職場上，不難聽見人們埋怨老闆的聲音，只是聽了這些怨憤不平的話之後，再反思自己，到底除了咒罵上司之外，對於工作，我們眞的努力了多少分，又是否眞的能全然無愧於心？

別再苦悶了，如果任務無法完成，何妨先微笑面對，然後再積極充實自己。如果有信心挑戰並且克服一切阻礙，更要懂得微笑以對，如此才能瀟灑自信地展現自己的能力。

阿穆爾肥料工廠的廠長馬克道尼爾，從記錄員一路晉升到今天的地位，回憶這段成功過程，馬克道尼爾認爲得感謝他那個懶惰的主管。

他的主管會把所有事務交由手下去做，發現馬克道尼爾是個很好差使的屬下時，便要他幫自己寫一份老闆阿穆爾先生要的計劃書。

馬克道尼爾接下工作，相當用心地撰寫，然後交給主管。當主管將計劃書交給老闆後，老闆一眼便發現問題，當面問主管：「這不是你做的吧？」

「不……是……」主管膽怯地回答。

老闆點了點頭，然後吩咐說：「去把製作的那個人叫到我這裡來。」

老闆問馬克道尼爾：「年輕人，你怎麼把我的計劃書弄成這樣？」

「我認爲您這樣會比較好翻閱。」馬克道尼爾說。

老闆聽了點點頭，這天之後，馬克道尼爾就被更調職務，坐在總經理辦公室前，過了一段時間，原來主管的位子則改由他坐。

其實，此類情況很常見，好像著名的房地產經紀人戴約瑟也是在小兵立大功後，才坐上成功之位的。

當時戴約瑟只有十四歲，大家都認為他難有所成，就連他對自己也抱持著懷疑態度，直到有一天有機會展現天分，情況才有所改觀。

那天有位客人急需一批貨，因為他二天後要前往歐洲，但是那天正巧是七月三日，第二天又是美國國慶日，老闆依約答應，但負責的職員卻找藉口推託，怎麼也不肯加班，最後請戴約瑟代為處理。

戴約瑟答應幫同事代班，這也為他帶來好運，這個表現機會，讓他破例獲得錄取，成為該公司的正式員工。

有些上司喜歡把瑣碎的事交給下面的人去做，若是在預定的時間內沒能達成，或失敗了，便把責任推給屬下。

面對這樣的上司，身為下屬的人應該抱著什麼樣的心態呢？

此時，不妨想一想馬克道尼爾在故事中告訴我們的成功法則：「做你該做的事，也學習所有難得的機會，不把上司給的工作當作為難，從中我們都將學到別人學不到的本事。想做事，希望成功，重點不在於在什麼樣的人底下工作，而在於你用什麼樣的心態對待工作！」

機會總是在不經意間出現眼前，能不能及時把握，全看我們怎麼抉擇。聰明的人無論遇到什麼樣的難題，或被派任什麼樣的麻煩工作，總是能從中發現挑戰未知的樂趣。

我們不妨想想，面對工作，到底發的怨氣聲多，還是開心微笑多？

生活是我們自己的，工作快樂與否也由自己做決定，別怪別人不給機會，也別怨自己老要犧牲。如果我們不肯付出，肩膀始終無力承擔新挑戰，就算在身邊有再多的好機會，一樣都不會落到我們的手上！

別躺在深井裡說天空太小

不要坐在井裡看世界，更不要用一知半解的態度，批評得口沫橫飛，因為這樣只會更加突顯你的無知。

英國詩人布雷克曾經這麼說：「光會想像而不行動的人，只是生產思想垃圾。成功是一把梯子，雙手插在口袋裡的人是爬不上去的。」

潛心研究的人，在前進的道路上，免不了會碰到失誤，但是，無傷大雅的小失誤，並不影響他的人生旅程，反而因爲這些個小失誤，而增長自己的經驗與智慧，發現了另一條成功的捷徑。

古希臘著名的哲學家泰勒斯，不僅學識淵博、才思敏捷，而且興趣廣泛，對於天文地理都有深入的研究。此外，對於其他不同領域的知識，他也都有自己的一套見解。

有一天晚上，泰勒斯外出散步之時，抬起頭仰看天空，發現星光在迷人的天空清晰閃耀，便忍不住一路仰望著走路，忘記了腳下的路途。

不料，因爲前些日子下了一場大雨，把前面一個頗深的洞坑塡滿了雨水，只顧著看星星的泰勒斯，就這麼一不小心一腳踩空，整個人掉進了這個凹洞裡。

等他回過神來，身子已經泡在水裡了，雖然只淹及胸部，但是這個陷阱卻相當深，泰勒斯怎麼也爬不出來，只好高聲呼救。

當路人把他救出水坑時，泰勒斯摸著摔得不輕的身體，喃喃說道：「明天會下雨！」

路人聽到他沒頭沒腦地說出這番話，沒有說什麼便走了，不過，他卻將泰勒

斯的這番糗事說給其他人聽。

沒想到，第二天果眞下起了雨，這使得人們都對泰勒斯的預言驚奇不已，更加佩服他在氣象學方面的豐富知識。

然而，有人卻不以爲然地說：「泰勒斯能知道天上的事情，卻看不見自己腳下的危機。」

泰勒斯聽到這個嘲諷，只是笑一笑而已，一點也不在意。後來，德國哲學家黑格爾聽到泰勒斯的這則軼聞事時，曾經感慨地說：「看來，不會掉進坑裡的，大概只有那些永遠躺在深坑裡，從不仰望天空的人吧！」

不要坐在井裡看世界，更不要用一知半解的態度，批評得口沫橫飛，因爲這樣只會更加突顯你的無知。

小心翼翼地帶著黑格爾的這番話，做爲自己的座右銘吧！

隨時提醒自己，寧可因爲勇敢嘗試而跌落坑洞裡，也不要成了坐在井底仰望天空的笨青蛙。

因爲，一個人之所以有意義，不是在於順境之時表現如何，而是在於身陷逆境之時有什麼作爲。萬一不幸跌落人生的坑洞裡，那麼就給自己足夠的時間，思考並尋找問題的解決方法吧！

突破瓶頸，就有美好遠景

當生活出現瓶頸，我們該做的不是回憶過去順利時的榮景，而是要思考如何突破改變現狀，思索如何才能開創更進步的未來。

萬事萬物都是因爲需要才產生的，我們觸目所及的事物，無一不是因爲人們的需要而被創造出來，其中不少是從無到有，但是，也有不少是從舊有的事物中再造重生。

這一切都是靠著人們的創意而得。想擁有與衆不同的機會，不該只從既有的機會把握，更要能從原有的機會中看見別人尚未發現的商機！

王洪懷原本只是個資源回收工，有一天，突發奇想地思索：「靠回收這些瓶瓶罐罐能賺多少錢？如果把它們全部熔化，可以用來作金屬材料販售，那不就能賺更多錢嗎？」

王洪懷認眞想著，也積極行動著。

一開始，他先將一個空罐剪碎，再裝進容器裡，然後把它熔成一塊像指甲般大小的銀灰色金屬片，之後花了六百元請人化驗這個金屬材質。

化驗結果出來，讓他十分興奮，因爲再生材料竟然是貴重的鋁鎂合金！

這個結果讓他非常開心，因爲當時市售的鋁錠價格每噸大約要價一萬八千元，回收所得的罐子每一個就有十八．五克重，他換算一下，若有五萬四千個罐子不就有一噸的鋁鎂合金材料了？

幾經換算，他發現賣熔化後的材料比直接賣易開罐要多增七倍以上的收入，於是決定從事熔煉回收的鐵鋁罐。

為了收回更多的鐵鋁罐，他將回收價格提高，並印了附有回收地址的名片，然後一一發給街上所有的拾荒人。

一個星期之後，王洪懷來到指定的地點，眼前景象讓他看得目瞪口呆，現場擠滿人潮，甚至還有人開貨車前來，車上裝的全是空鐵鋁罐。

這一天，他一共回收了十三萬個鐵鋁罐，換算起來足足有兩噸半的金屬原料。從此，回收站每天都有源源不絕的鐵鋁罐，他再也不必親自去搜集撿拾。王洪懷憑著自己點石成金的創意，開啓人生新的一頁，這一年，他一共煉出二百四十噸的鋁片，三年內賺進了二百七十萬元。

從資源回收到再造資源回收，再次證明了「機會就在手邊」的道理。從撿拾空罐到煉製鋁片，王洪懷充分地展現出自我的價值，也充分表現出創意思考的重要性。

世上事物其實少變，世事之所以充滿趣味變化，全看「人的腦袋」！

就像在工作職場中，便要懂得發揮創意思考，讓企劃變得更加有趣。只要出現新意，看見新的方向機會，便要積極評估，然後要有挑戰的勇氣，如此，才有機會異軍突起，創造全新的自我價值和機會。

所有事情的開始都要先付出代價，只要看得見未來，那麼不管現在怎麼犧牲都肯定會物超所值。

凡事都要懂得變通，人類最大的價值不在生命力，而是創造力，我們的腦袋最重要的作用不是用來記憶，而是發揮創意！

當生活出現瓶頸，我們該做的不是回憶過去順利時的榮景，而是要思考如何突破改變現狀。當人生出現困境，我們該做的不是幻想困境如果沒發生的情景，而是積極地化危機爲轉機，思索如何才能開創更進步的未來。

2.

放鬆心情 才能享受愉快人生

出現問題，正表示你即將減少一個問題；出現困難，那正表示，距離成功的目標又更進一步了。

別提前宣判自己死刑

看一看外面的世界，你會發現，原來有人比你更加悲慘，但他們都能走過來了，你又有何不能？

要克服環境，不要被環境左右。

只有具備不怕失敗的勇氣與鬥志，才可能以最佳狀態面對人生的順境和逆境；一個不敢迎接生命中的各種挑戰，總是屈就環境的人，成功之路終將遙遙無期。

身陷逆境的時候，別提前宣判自己死刑。

應該讓自己的心境保持平靜，讓自己的頭腦保持清醒，如此才不會被負面情緒侵噬，也才能看清成功的機會，不致於淪爲卑微猥瑣的人。

一個又一個接踵而至的意外，令波特遭受到前所未有的打擊，由他一手創辦的工廠，最後也宣告破產了。

窮困潦倒的波特不但身無分文，還欠了一屁股債，更現實的是，自從陷入困境以後，許多朋友都紛紛離他遠去。

一直把事業視爲生命的波特，覺得人生所有的希望都破滅了，對於生活也失去了動力。心灰意冷的他，決定要以死亡做爲了結。但是，在結束一切之前，他卻想完成一趟旅遊。

在選定自殺日期後，波特便開始了這趟「自殺之旅」。

然而，當他來到薩倫船舶博物館參觀時，他忽然從灰暗的情緒中醒悟，決定放棄自殺的念頭。

爲什麼會有這麼大的轉變呢？

原來，波特在船舶博物館裡，看到一艘外殼凹凸不平、船體完全變形的帆船，心中產生了激勵作用。

他讀著一旁的解說文字，才明瞭這是一艘屬於荷蘭福勒船舶公司的帆船，它在一八九四年下水後，不僅在大西洋上經歷了一百三十八次的冰山撞擊，還觸礁了一百一十六次，而且還曾經著火十三次，遇上二十七次的暴風雨。雖然，它經歷了這麼多不可思議的險境，但它卻沒有沉沒，依然呈現在人們的眼前，展示它另一番生命的韌性。

仔細讀著這些紀錄，波特的心中激起了振奮：「生活本來就會遇到許多意想不到的災難，我才剛遇到人生的第一趟災難，怎麼能這麼快就被擊垮了？我一定要堅持下去，重新再站起來，我一定能再創成功的奇蹟！」

回到家後，波特重振旗鼓，開始嶄新的人生與事業。

幾年後，波特面對卓然有成的工廠，感性地對著旗下上千名員工說：「人生就像大海中航行的船，難免會遇到風浪，只要我們能在逆境中堅持，不斷開拓前進，成功一定是我們的。」

沒有什麼事比動不動就要自殺更加愚蠢的了。

遇到難題時，只知道坐以待斃，不肯找出解決的方法，這是最不值得同情的行爲。自殺，充其量只是一種逃避行爲，完全不是解決的方法。

近來，許多人因爲失業，因爲生活的壓力，紛紛把自己與世隔離，自陷於封閉思維中，或是親手掐著自己的脖子，卻又露出哀求的眼神，要別人爲他解開。但是，自己都不肯幫自己了，旁觀者要怎麼幫忙？

就算有人伸出援手，但是，架在脖子上的雙手卻不肯鬆開，往往越掐越緊。

天助自助者，當你悶得透不過氣時，出去走走吧！

看一看外面的世界，你會發現，原來有人比你更加悲慘，但他們都能走過來了，你又有何不能？

逆境，正是通往成功的階梯

人生是自己的，唯有你才能掌控自己的命運，只要肯努力，我們所跨出的每一個步伐，一定都能邁向成功的目標。

每個人身上都有兩種力量，一種是向上躍昇的創造力，使人在面對逆境的時候，仍然咬緊牙關勇往直前。

另一種則是向下拖陷的破壞力，使人在遭遇困境時放棄自己，墮落成一個可有可無的卑微人物。

俄國作家契訶夫曾經說過：「真正的成功者，經常是隱藏在普羅大眾之中，絕不擠向人前去露臉。」

也許你沒有顯赫的家世背景，沒有令人羨慕的耀眼學歷，更沒有富可敵國的老爸，但是，只要你肯按部就班地默默耕耘，照樣可以出頭天。

美國總統亨利．威爾遜，出生在一個很貧困的家庭。雖然他的父母親都非常努力的工作，但一家人的生活，卻總是處在衣食匱乏的情況下。

十歲的時候，威爾遜離開了家鄉，到外地當了十一年的學徒。在當學徒的期間，每年他只有一個月的時間可以上課學習，儘管機會不多，但每一次學習的機會他都非常珍惜、努力。

經歷了十一年的學徒生活後，在他離職前，老闆送了一頭牛和六隻綿羊給他，作爲十一年來的報酬，後來威爾遜便把牠們換成八十四塊美元。

威爾遜把每一塊錢都存了下來，從來沒有花費任何一毛錢去享樂。對他而言，生活像是拖著疲憊的腳步，在漫無盡頭的崎嶇山路上行走，但是，他知道，只要自己肯努力，終究會有苦盡甘來的一天。

二十一歲時，威爾遜帶領著一隊伐木工人，來到一處人跡罕至的森林裡砍伐樹木。每天清晨，他都得在第一道曙光出現之前來到樹林，然後勤奮地工作到天黑爲止。

如此日以繼夜地辛苦工作，他總共才獲得了六塊美元的微薄報酬，但這對他來說，已經是一筆大數目了。

在這麼窮困的環境中，威爾遜從不灰心洩氣，他下定決心，絕對不讓任何學習或提升自我的機會溜走，因此，所有零碎的時間都被他化整爲零，緊緊捉住。

一有時間，他便不斷地充實自己，提升自己的能力，隨時準備迎接即將出現的任何機會。

作家布朗曾說：「處在現今這個時代，如果因為失意就自暴自棄，那麼你將永遠站在失敗的這一邊。」

這句話告訴我們不要將一時的失意，當成自己永世不能翻身的心靈魔咒，千

萬要切記，當自己越失意的時候，就越必須努力，因為，只有努力，才能將自己從失意的泥沼之中拯救出來。

失意的時候，千萬不要對未來感到悲觀和沮喪，反而要更加努力，把眼前的不如意當成是希望來臨之前的曙光。

生活的種種痛苦與磨難，是人生擺脫貧窮，走向富足的契機。

逆境對威爾遜而言，正是他成功的階梯，生活再艱困，都無法阻擋他掌握自己命運的信心，因此，他珍惜自己靠努力賺來的微薄金錢，也懂得運用寶貴時間努力充實自己。

實現夢想並非遙不可及的事，方法是不斷累積自己的實力之外，適時適地展現自己的勇氣與決心。

只要認眞踏實地跨出每一步，就能離理想的目標越來越近。

威爾遜從窮家子弟爬升到總統的位置，無疑告訴我們：人生是自己的，唯有你才能掌控自己的命運，只要肯努力，我們所跨出的每一個步伐，一定都能邁向成功的目標。

再失意，也別失去意志力

生命的活力與生活的積極，才是人生的真正意義。不管人生再怎麼失意，也別讓自己失去自主的生活能力。

大多數人在失意時，最容易迷失自己，既失去了堅強的意志，也早早放棄了自己，更會對周遭的事物漠不關心，即便是地上的小圖釘扎到了腳，恐怕一點感覺也沒有吧！

不管眼前的環境如何，在自己的能力許可範圍之內，不妨試著給別人方便，這將證明你不是個會被現實環境擊倒的人。

失業中的賈庫．拉裴薩托，爲了想儘快找到養家活口的工作，每天都非常辛苦地四處奔走。

這天，賈庫鼓起勇氣來到一家銀行，詢問是否有工作機會，但接待人員的態度非常冷淡，看了看賈庫帶來的個人資料後，什麼話也沒說，就叫他離開接待室。賈庫心想，希望恐怕又要落空了，已經找工作找得心灰意冷的他，只好失魂落魄地朝著銀行大門走去。

當他準備跨出大門時，發現有枚大頭針正好掉落在地上，他覺得這對進出的人員很危險，於是，立即彎下腰把大頭針撿了起來，並隨手將它丟進了垃圾桶，這才帶著黯然的神情離開。

但是，賈庫萬萬沒有想到，當他彎腰拾起大頭針時，正巧被剛進門的銀行董事長看見了。董事長心想，這麼細心的人，實在非常適合當銀行職員，當他從接待人員那裡得知，這個年輕人是來求職的之後，決定破例錄用賈庫。

賈庫收到銀行的錄取通知書時，還不敢相信這是眞的。

開心的賈庫·拉裴薩托，在進入金融界後，非常忠於職守，工作仔細而認眞，也深得上司的賞識。過了幾年，這個出身低微的小職員，還坐上了銀行總裁的寶座。

或許你會認爲，彎個腰撿起地上的大頭針這樣的小動作，只不過是體貼別人的行爲，並不算什麼實力或特殊能力，賈庫又有什麼值得大書特書的呢？

賈庫値得讚許是因爲，即使人生再失意，他也沒有讓自己失去自主的生活能力，他仍然能看見生活裡的小細節，懂得關懷別人，彎腰這個小動作所表現出來的，正是他堅強的意志力。

生命的活力與生活的積極，才是人生的眞正意義，如果你連小小的大頭針也懶得彎腰拾起，或視而不見的話，你又如何能將自己規劃好的未來，仔細且按部就班地實現呢？

放鬆心情才能享受愉快人生

出現問題，正表示你即將減少一個問題；出現困難，那正表示，距離成功的目標又更進一步了。

只要是活著的人就一定會有困擾，但是，這並非表示我們一定得困在煩惱中，才能感受到活著的滋味。

遭遇困難之時，我們可以用「認清事實」的方式，面對心中的憂慮。當你知道事實已經無法改變，不妨轉換心情，告訴自己：「讓一切過去，我只想努力解決今天的狀況，至於明天的新挑戰，等今天過後再說！」

赫胥黎曾經提醒我們：「人生不是受環境支配，而是受思想擺佈。」

確實如此，心靈的力量是很驚人的，我們對事物的感受與反應方式，不僅僅左右著我們的行爲，更主宰著我們命運。

想獲得非凡的成功，想享受愉快的人生，首先必須保持健全的心理狀態，用積極樂觀的心境面對生活周遭的折磨。

丹尼帶著一張苦瓜臉來找凱西聊天。

一開口，他便是抱怨：「一整天下來，不是遇到奇奇怪怪的問題，就是一堆惱人的事，我眞是受夠了。凱西，妳幫我想一想，有沒有什麼方法可以幫我？只要妳想得出來，我馬上捐一筆錢給隔壁的孤兒院。」

凱西笑著說：「喔，這樣嗎？我知道一個住有數千人的大社區，在那裡，沒有人嚐得到憂慮的滋味。」

丹尼興奮地問：「眞的嗎？在哪裡？」

凱西說：「你確定要去嗎？」

丹尼急迫地說道：「當然要去，那裡聽起來就是我想要去的地方！」

於是，凱西開著車，帶著丹尼來到郊區一個墓園。

丹尼看著凱西：「妳是不是迷路了，怎麼來到這裡呢？」

凱西笑著說：「我說的地方就是這裡啊！據我所知，那些沒有憂慮的人全都躺在這裡了！」

有這樣一個案例是，有個人很怕煤氣外洩，於是每隔五分鐘就會去檢查開關一次。即使他心中很清楚地知道早就已經關好了，仍然非常擔心會有爆炸的危險。這樣的精神狀況幾乎是一種病態了，因爲無法安心過日子，他的行爲舉止也開始出現問題。

情緒往往是累積出來的，還有一例是許多人站在火車站的月台上，心中會不經意地閃過「躍下」的念頭。大部分的人只是無聊地想想，並不會眞的這麼做，但是有些人卻會被這些想法困擾。這些病人甚至會爲了平衡這些想法，在某些狀況，做出不合常理的舉動。

這些都是心中累積憂慮的人經常發生的情況。然而，看著丹尼的煩惱與這兩個案例，我們其實都可以很清楚地發現，這些「煩惱」或「擔心」，有很多情況都是「無病呻吟」。

其實，出現問題，你一點也不必擔心，因爲那正表示你即將減少一個問題；出現困難，你更不必擔心，因爲那正表示，等你解決完這個難題，距離成功的目標又更進一步了。

別再讓無謂的煩惱加重你我的生活壓力，也別再讓不必要的擔心，擾亂你我的生活。放鬆心情吧！如此才能盡情享受輕鬆愉快的人生。

如果還有陽光，何必選擇淋雨？

你越覺得事情難解，困難越會「如你所願」，用積極的態度簡化生活中的難題，用平常心面對生活，你的生活才會更加如意。

懷抱著樂觀的希望，就能沖淡心中悲慘的感覺。遭遇失敗、挫折或突如其來的打擊，你可以選擇沉溺哀傷，也可以選擇期待幸福，你會如何選擇呢？

不管遭遇什麼困境，都應該用肯定的人生態度看待你的生活，可以選擇讓自己的內心充滿陽光，就別讓心靈在暴雨中迷失方向。

著名的精神醫學家維克多．弗蘭克，在他的著作《追求意義的人類》一書中，曾經提到一個罹患了愛滋病的小男孩的遭遇，並且描述他如何勇敢地面對即將到來的死亡。

他在書中引述了一段小男孩的話：「生命的掌控權仍在我的手中，所以，我可以選擇丟開心中的陰影。我相信，我能塑造自己的命運，即使現在身染愛滋疾病，我仍然可以選擇陽光的生活，而不是負面的人生。我很幸運，擁有家人們的全面支持。」

維克多問他：「在醫療的過程中，什麼最令你感到痛苦？」

小男孩說：「沒有任何痛苦，我只是注意到那些能加強我的生命的治療方法，因爲它們，我才能變得這麼健康而強壯。」

這是小男孩的生命態度，就像我們在電視上看見的許多病童，往往比大人們更具生命的韌性。

原因無他，因爲他們唯一的希望就是能快點好起來，繼續他們開心的生活，可以在陽光下再次開心地奔跑，這是他們對生命的簡單希望，也是他們對生命的最大期望。

當你可以選擇接受陽光照耀的時候，又何必硬要站在雨中，讓自己淋出一身病？其實，你越覺得事情難解，困難越會「如你所願」，成了永遠也無法解決的難題。

用積極的態度簡化生活中的難題，用平常心面對生活，唯有如此，你的生活才會更加如意。

不要讓環境影響心境

樂觀的人只看得見順境與晴朗的天空，悲觀的人卻總是擔心可能到來的困境，與晴朗天氣中的偶陣雨。

古羅馬思想家塞涅卡曾經寫道：「要是你懂得感謝人生所擁有的一切，那麼生命才會有意義。」

的確，人生至高無上的幸福來自於不抱怨自己身處的環境，不讓環境影響自己的心境，懂得珍惜眼前的一切。

人生就像天氣，經常出現陰晴不定的變化；不管環境惡劣還是富裕充足，都會有人歡喜或哭泣。

無論是晴是雨，有智慧的人一心只想著：「生活開心就好！」只要選定了你希望的生活目標，調亮你的生活態度，生命的選擇權就掌握在你手上，而且你會發現，原來世界正跟著你的希望在轉動。

艾梅苦悶地說：「爲什麼人生不能一帆風順呢？」

喬治看著艾梅，笑著說：「人生爲什麼一定要一帆風順呢？」

艾梅抗議：「你們這些事事順利的人，當然不認爲一帆風順有多好囉！你看我，付出了那麼多，結果又如何？你知道跌倒的滋味有多痛苦嗎？」

喬治仍然帶著笑容說：「妳認爲什麼樣的情況才是順利呢？」

艾梅想了想，說：「總之就『事事順利』！」

喬治說：「艾梅，妳還記得之前那件自殺案例吧！那個好不容易唸到大學，就快畢業的女孩，最後在畢業前夕自殺。」

艾梅說：「嗯，我還記得，眞是笨蛋！」

喬治問：「那妳還記得她的遺言嗎？」

艾梅側著頭，想了想說：「記得啊！沒想到居然有人會因人生太過平順而選擇結束生命！」

喬治看著艾梅說：「人永遠都不會滿足於現狀的，往好處想，這樣人們會不斷尋求進步，但說難聽一點，就是不知足！」

艾梅靜靜地看著喬治，等待他繼續說。

喬治看艾梅這麼認真，笑著說：「不管人處在什麼樣的地位或環境，都一定會遇上難題，也一定會有快樂之時，就像我們有喜歡的人，也有討厭的對象一樣，人生不會有十全十美，但我們可以追求盡善盡美。」

喬治走到窗口，抬頭看著天空說：「生活態度有樂觀也有悲觀，就看我們如何選擇。至於人生是否眞正平順，就如妳批評的笨蛋，或許我們看見她的平順，但在她的心裡，其實沒有一天是平順的。」

喬治回頭看著艾梅，忽然提高分貝：「所以！何必奢求一帆風順？凡事順其自然就好了。」

法國文豪大仲馬曾經在他的著作中寫道：「未來有兩種前景，一種是猥猥瑣瑣的，一種是充滿理想的。上蒼賦予人自由的意志，讓人可以自行選擇，你的未來就看你自己了。」

摘取生活的片段，你看見了什麼樣的人生？是苦悶哭泣，還是開懷大笑？又或是一個被囚困在小空間裡的自己？

生活是否一帆風順，決定權不在於外在環境，而是取決於我們自己。樂觀的人只看得見順境與晴朗的天空，悲觀的人卻總是擔心可能到來的困境，與晴朗天氣中的偶陣雨。

人生何必非要一帆風順？偶爾穿插一點小困難，起起伏伏、或高或低，更能讓你享受生命的樂趣。

睜開眼，幸福就在你身邊

擁抱幸福真的很簡單，不必絞盡腦汁，也不必費盡千辛萬苦，只要你心中渴慕，幸福自然就會出現。

薩維奇曾說：「我們無須遠渡重洋尋找幸福，只需用心看看窗口的那朵小花，你便能得到真正的愛與幸福，看見期待已久的歡樂！」

幸福感是生活最基本的元素，不需要透過任何交易來獲得，一旦夾雜了其他成分，那麼所有的幸福快樂都會變得虛假了。

墨菲博士在《如何運用潛意識》一書中，提到一個尋找幸福的男子。

幾年前，博士到愛爾蘭西海岸的康尼瑪拉度假，並借宿在一位農夫的家中將近一個星期。在這段期間內，博士深深感受到農夫的快樂。

他每天都會聽見農夫的歌聲與輕快的口哨聲，充滿幽默感的農夫，不管走到哪裡都非常受歡迎。

假期結束的前一天，博士請教農夫如何才能像他一樣快樂。農夫笑著說：「方法很簡單啊！只要把快樂視爲一種生活習慣！我每天睡前與清晨醒來時，都會祝福家人們以及眼前的一切，並感謝上帝賜予我如此豐富的生活。」

博士另外舉了一個例子，這次是個生活悲苦的婦人。

這位婦人患風濕病多年，經常拍著自己的膝蓋說：「唉，這個風濕病害得我無法出門，都是它讓我過著悲慘的生活。」

不過，也因爲這個風濕病，婦人得到兒子與女兒完善的照顧。

「爲了獲得關心與照顧，其實她很需要這個風濕病的，我們也可以這麼說，這個婦人也許喜歡這樣的『悲傷』，其實一點也不渴望眞正的幸福與快樂。」墨菲博士分析。

文末，博士說：「如果你希望幸福快樂，那麼在你的心中，就必須『眞誠』地渴望著幸福快樂。」

故事中，兩種追求幸福的方式，兩種擁有幸福的比較，你認爲哪一個才是眞正快樂的人呢？

以身體病痛換得人們關心，或許是不得已的辦法，但是，我們可以用更好的方式來贏得人們的喜愛。例如，因爲你快樂，大家也感染到這份快樂，從此樂於與你互動、交遊，這不正是最好的方法？

只要你想拋開憂傷，憂傷就不能再纏著你；只要你想變得快樂，平安和喜樂便會即刻出現。

其實，擁抱幸福眞的很簡單，不必絞盡腦汁，也不必費盡千辛萬苦，只要你心中渴慕，幸福自然就會出現。

耐心面對，才能等到機會

暴躁的脾氣，往往會讓事情越演越烈，沒有耐心的人多數都沒有毅力，能熬到情況改善的機率比有耐性的人要少了好幾倍。

有句拉丁諺語是這樣說的：「你們要當心一個累積憤怒的人的情緒，因為當他一放開情緒時，往往會引發最強烈的爆發力量。」

脾氣暴躁的人與其擔心發洩式「憤怒」的出現，何不給自己換一個輕鬆的生活態度？

當情緒上來時，你可以給自己另一個想法：「這有什麼好生氣的，算了吧！」

每天一點一滴地給自己正面的暗示，一段時間之後，你不僅不必再為「易怒」

的情緒而擔心，還能輕鬆舒服地度過生命中的每一天。

耶誕節的前一天，郵局裡擠滿了人，他們正排成一條長龍，等著領朋友們寄來的耶誕包裹。

但是，由於人數實在太多了，再加上手續繁複，時間越拖越長，大家的情緒開始變得煩躁不安，也開始出現抱怨聲。

有人吼叫著：「搞什麼？怎麼那麼慢呢？」

一個牢騷的聲音開始，其他人也紛紛加入戰局，讓原本就窄小的郵局頓時陷在人群的抱怨聲中。

這時後面傳來一個女士吼叫聲：「你們郵局的人是睡著了嗎？我都等了快半個小時，這個窄小的空間，都快把我給悶死了，你們是怎麼了……」

在一連串的抱怨聲中，忽然有位先生說：「女士，我願意與您交換位置，您願意嗎？」

站在挺後面的那位胖女士，瞪大了眼，不敢相信她所聽見的話。因爲，那位先生排在隊伍的第三位，只要再等一等，就可以領到自己的包裹，怎麼願意與人交換呢？

女士尷尬地笑著說：「謝謝，不必了，再等會兒就到我了。」

就在這番「禮讓」之後，郵局內的氣氛反而緩和了下來。排隊的人們安靜下來了，每個人都耐著性子等著他們的耶誕禮物。

故事裡的小插曲，其實也經常發生在你我的身邊，回想一下，當這些鬧哄哄的情況發生時，你的情緒是否也大受影響，甚至還悶了一整天呢？

有位美國心理學家指出：「因為小事而心情煩躁的人，不妨找個方法宣洩，發洩完後，你便得重新蓄積精力，用以應付隨時都可能遇見的大事。如果你不能放掉這些小煩惱，長久下來恐怕會耗損你的精神和氣力，萬一大事突然降臨，只能任憑宰割了。」

或許心理學家說得嚴重了點，但是，習慣用煩躁情緒來面對問題的人，很容易像他所說的一般，大事降臨之時，反而沒有力氣再支持下去。

因為暴躁的脾氣，往往會讓事情越演越烈，也越陷膠著。

沒有耐心的人多數都沒有太多毅力，能熬到情況改善的機率，也比有耐性的人要少了好幾倍。

不管工作、生活或人際交往，都會有不順遂的時候，也難免會出現危機，但是，只要願意耐心面對，糾葛往往就能迎刃而解。

在紛紛擾擾的時代，與其整天抱怨生活不如己意，不如試著換個角度，讓自己的生活變得更快意。

改一改自己的脾氣吧！把生活中那些瑣事當成磨練，學會冷靜面對問題，更要學會包容，你才能在面對大事時，臨危不亂，機警應對！

你只是個暈頭轉向的工作狂？

有能力的人不會讓自己忙得昏頭轉向，只會讓自己輕鬆地保持充沛的精神、活力，讓人們放心地交付更重要的任務。

有許多工作觀念其實都是錯誤的，就如多數人以爲留在辦公室的時間越長，就一定能完成越多的事；或者是認爲，只要自己拚了命地加班，就必然會得到上司的賞識。

但是，事實證明，這類人多數只得到一個「工作狂」的稱號而已，至於心中所預期的提拔或獎賞，不一定就會發生。

瓊斯一回到宿舍，就累得趴在床上。

他不滿地對室友說：「為什麼我每天都這麼累，而你卻總是一派輕鬆？」

室友輕鬆做著伸展操，回應說：「為什麼那麼累？那要問你自己！」

瓊斯有種被嘲笑的感覺，帶著微怒的神情望著室友。

室友也發覺瓊斯的不滿情緒又開始累積了，立即停下運動，對他說：「或者我應該這麼問：為什麼你的工作總是那麼多？」

瓊斯繼續抱怨著：「我也不知道啊！每天一到公司，除了我自己本身的職務之外，還有許多忽然穿插進來的工作。像我的直屬長官就說他只放心把事情交給我，於是明天我又多了一項工作。另外，像我那個狀況百出的助理，老是出其不意地製造麻煩。總之，我每天都有忙不完的事就對了，有時候還害得我連自己的工作都沒有完成。」

聽完瓊斯的抱怨，室友忍不住嘆了口氣：「唉，你那叫自找麻煩，不是能力

強，好不好？」

瓊斯一聽，立即回頭，不滿地瞪了室友一眼。

室友微笑著說：「別生氣！我是很客觀地爲你著想，你說的這些『突然』，其實是可以避免的。比方長官臨時交代事情下來，你可以告訴他自己現在的工作進度與情況。只要你有足夠的時間與能力去分擔他額外的工作，就熱情地接下；如果無力分擔，你絕對可以請他找別人幫忙。畢竟，大家同坐在一條船上，能平均地分工，不僅對你有好處，對公司也更加有利。至於你的那個助理，我只能說，如果他一點『助益』也沒有，只會幫倒忙，那你不如早點換個人吧！」

瓊斯認眞地聽著室友的分析，神情似乎軟化了許多，不過臉上卻多了些疑惑。室友發現了瓊斯的表情和緩了，忍不住拍了拍他的肩膀說：「沒什麼好擔心的，明天試著與他們溝通一下。相信明天你回來時，不再是累得趴在床上，而是還有餘力跟我一塊兒運動呢！」

你確定是因爲自己能力太好，所以工作量比別人大嗎？面對這樣的工作量，你眞的能輕鬆地一一解決嗎？

有能力的人不會讓自己接下超量的工作，對他們而言，工作的「質」比「量」更爲重要。能者並不會多勞，因爲他們比一般人更重視工作效率，也更懂得分工的重要性。

所以，當他們接下其他的工作之前，會先進行一番評估：「我還有餘力承接嗎？如果時間來不及了，什麼人更加適任呢？如果我不接下這份任務，會有什麼影響呢？」

眞正能力強的人很清楚自己的能力在哪裡，也懂得選擇能讓充分表現能力的任務。

正因爲如此，有能力的人不會讓自己忙得昏頭轉向、昏天暗地，只會讓自己輕鬆地保持充沛的精神、活力，讓人們放心地交付更重要的任務。

3.

只要抱持希望，就能找到陽光

再惡劣的環境一樣有生存的空間，只要我們能給自己一顆明亮的心，相信希望。多給自己一點生存下去的力量，一樣能開創未來的幸福家園。

以謙卑的姿態化解不愉快

只要一個謙卑姿態或是一個微笑和解的決心，就能放下過去的不愉快，再怎麼固執的心，一樣能被融化。

你總覺得自己很容易樹敵嗎？或很難得到人們微笑對待？

如果是這樣，不妨先想想自己，是否也極少「展顏微笑」，又是否總是在情緒化之後，便讓心情停在那裡，遲遲不願好好安撫、放下？

每個人都有脾氣，但不是一定要動氣，事情發生之後，我們都要有解開心結、化解敵意的智慧。

飛機準備起飛前，有位乘客對空姐說：「小姐，不好意思，我要吃藥，能不能給我一杯水？」

空姐禮貌地回應：「先生，爲了您的安全，請稍待片刻，等安全燈亮了之後，我會立刻送水過來。」

不久，服務鈴響起，原來空姐太忙，忘了把水送給那位客人，她小心翼翼地將水送到客人面前，然後微笑地說：「對不起，因爲我的疏忽，延誤了您吃藥的時間，我眞的感到非常抱歉。」

但客人仍然很生氣，只見他抬起左手，指著手錶說：「都過了十五分鐘了，妳是怎麼服務的？」

空姐不斷地道歉，但這挑剔的乘客卻怎麼也不肯原諒她。

接下來的飛行途中，空姐爲了補償自己的過失，只要經過這位乘客身邊時，都會特地露出微笑，詢問他有什麼需要，直到抵達目的地。

「請給我一份意見表！」乘客提出要求，顯然想要投訴這名空姐。

空姐將意見表呈遞到他的面前，微笑地說：「先生，請允許我再次向您表示真誠的歉意，無論您提出什麼意見，我一定會誠心接受您的批評指教。」

乘客冷冷地看了她一眼，然後便低頭填寫意見表。

飛機安全降落，所有的乘客陸續離開，空姐心中仍忐忑不安，但這時同事卻告訴她：「妳可以放心了！」

原來，意見表上客人這麼寫著：「在整個飛行過程中，她的表現非常專業且真誠，特別是她那十二次展顏微笑，深深感動了我。她真是個優秀的空服人員，如果有機會，我依然會選擇貴航空公司，因爲你們有一流的空服人員！」

服務業對員工禮儀的要求，從來都是極其嚴苛的，「以客爲尊」是基本訓練，「微笑應對」更是基本要求，看似吹毛求疵，其實一點也不。只要隨時想想，如果我們也坐在客人的位置上，是否希望看見苦著一張臉，或是態度傲慢的服務生，

便不難理解那些要求。

人難免會有情緒，但只要將心比心，自然懂得怎麼微笑以對。一如故事中的空姐，努力以微笑軟化客人的心，也更加努力修補客人心中的不悅。

當努力終於換得了好的結局，正說明了，人與人之間沒有解不了的心結，更沒有無法解決的疙瘩，只有想不想解開的決心。

職場上我們都必須接受人際關係的磨練，越磨才越懂得如何與人應對。職場的人際互動，與平日做人的道理相同，人跟人之間難免發生衝突、對立，這時與其兩方大擺臭臉或惡言相向，不如安靜應對或聰明地微笑面對。

慢慢地，我們不難發現，原來與人相處眞的沒那麼難，只要一個謙卑姿態或是一個微笑和解的決心，就能放下過去的不愉快，再怎麼固執的心，一樣能被融化。

先檢討自己，才能把握良機

凡事先從自己省思，如果一切未如預期，那麼我們便該認真想想，是否應該給自己新的方向，而不是一味困在這個環境中。

知音難遇，不代表我們就得不到好的機會。

人不能十全十美，環境及機遇自然也難以完美，但不管眼前的際遇如何，都要用正面積極的態度去看待四周的人事，省思自己的未來該如何走。

人生是自己的，與其苦悶困陷在一個讓人心灰意冷的地方，不如另謀出路，如果有幸遇見知音人，相信沒有人會不懂得把握。

多年來，Sony公司董事長盛田昭夫一直保持一個習慣，和同仁們一起共進午餐，培養與員工們的合作默契與良好的互動關係。

這天，盛田昭夫照例走進員工餐廳，與員工們一起吃飯，忽然發現有個年輕人悶著頭吃飯，看起來鬱鬱寡歡，於是主動坐到那名員工面前與他交談。

聊了幾句之後，這個年輕人終於敞開心說：「我是東京大學畢業的，曾經也有份待遇優厚的工作，但我眞的很愛這家公司，甚至可以說是Sony迷！」

盛田昭夫聽了，笑著說：「原來不只是偶像明星有粉絲，公司也有啊！」

「嗯，當時我一心只想進入Sony，因爲我認定這將是我一生最佳選擇。但是我現在才發現，我不是爲公司工作，而是爲科長而活。坦白說，我那個科長能力實在有問題，我不僅所有的行動與建議都得經他批准，連一些小發明與改進建議他也不支持，還經常嘲笑我，很讓人洩氣，您知道嗎？這眞讓我感到心灰意冷，這眞是我夢想中的Sony嗎？唉，我當初爲何要放棄那份優渥的工作呢？」年輕人嘆氣道。

盛田昭夫聽了十分震驚，安靜聆聽的同時思考著：「除了他之外，這種問題會不會也發生在其他人身上呢？」

盛田昭夫暗中了解情況，發現事情比他想像中還要糟，於是決定將人事管理制度做一番改革。

此後，Sony公司每週都會出版一份內部小報，上面刊登各部門的「求人廣告」，讓員工們可以自由且秘密地發表自己的創意想法，以供更高層的主管們參考並發現人才。此外，每隔兩年，員工還會調換工作職務，好讓人才找到眞正適合自己的位置。

一番改革之後，所有人才都可以找到合適自己能力的職位，也更能充分地展現自己的長才。

看見這個年輕人的境遇，相信羨煞不少人吧！他是那樣的幸運，遇見了肯聆

聽下屬意見的老闆，也立即得到回應和表現機會。

只是，羨慕之餘，身處相似困境的人，又要如何把握自己的幸福和機會？

我們當然無法要求每個老闆都像盛田昭夫，唯一可以做的，就是把握好自己的才能本事，然後積極尋找表現的機會。

故事中的年輕人並不是在抱怨，而是在檢討。

他檢討著眼前環境是否眞的如想像中美好，又是否是自己所能接受或想要的，要是一再思索，卻始終得不到最好的結果，相信他一定會積極改變。

凡事先從自己省思，如果一切未如預期，那麼我們便該認眞想想，是否應該給自己新的方向，而不是一味困在這個環境中怨天怨地。

別忘了，環境動不了時，還有自己可以變動，如果目前改變的機會不大，那麼就改變自己吧！

只要抱持希望，就能找到陽光

再惡劣的環境一樣有生存的空間，只要我們能給自己一顆明亮的心，相信希望。多給自己一點生存下去的力量，一樣能開創未來的幸福家園。

想看見陽光一點也不難，因爲陽光就在窗外，只要我們拉開窗簾，打開窗戶，就能感受天地賦予的活力，並感受在你我身上的生命力。

忘掉過去，才有未來！無論我們遭遇到什麼樣的難題，只要不放棄希望，只要不放棄讓陽光進來，任何人都一定能體會到活著的快樂。所以，別被小小的挫折打敗，也不要被眼前的困境阻礙，只要我們不再困在黑暗的房間裡，勇敢走出去，自然能看見未來的希望。

弗西姆太太居住在波西尼亞的一個小村莊裡，她的先生在奧地利工作，而她則在家裡照顧兩個可愛的兒子。

這天，她的丈夫從奧地利帶回來兩隻小金魚，養在小小的魚缸裡，他們將它擺在客廳，成爲另一個美麗的妝點。

但是，幸福沒有維持很久，不久就發生了波西尼亞戰爭，弗西姆先生不幸在戰場上喪生，這場戰火也毀了他們的家園，弗西姆太太只好帶著孩子逃往他鄉。

臨走前，弗西姆太太沒有忘記那兩隻金魚，只是她無法帶著牠們上路，因此把小金魚安置在後院的小水坑裡，然後便帶著孩子依依不捨地離開。

幾年以後，戰爭結束，弗西姆太太帶著孩子們重返故鄉，但家園已成一片廢墟，弗西姆太太望著眼前景象，淚眼汪汪地說著：「怎麼會變成這樣？我該怎麼辦？我的家在哪兒哪？」

弗西姆太太在熟悉的環境中信步而行，忽然前方出現一點亮光，走近一看，原來是安置那兩條金魚的水坑。弗西姆太太發現水底好像有東西，於是撥開水上的雜物，仔細一看，竟是一群可愛的小金魚！

「沒想到金魚還在，而且還繁衍了這麼多魚兒！這……」弗西姆太太驚嘆一聲，忽地若有所悟思考著：「牠們在這樣惡劣的環境中都能生存下去，我怎麼會不行？不，我一定會像牠們一樣越來越好，越來越幸福！」

弗西姆太太看著小金魚，彷彿看見了丈夫的鼓勵。她振作起精神，擦乾眼淚，然後把孩子叫來，要他們一起重建家園。

不久，金魚的故事在當地傳開，人們都被這個故事感動，不少人還特地來到弗西姆家欣賞這些奇蹟生存的小金魚，當然，離開的時候也有不少人買了小金魚回家，只因爲牠們象徵著希望！

至於弗西姆一家人，也重拾了希望和幸福。

人在逆境之中，往往更懂得尋找陽光和希望，一如故事中受戰爭殘害的主人

翁，雖然路已走到盡頭，再也沒有回頭的機會了，唯一能做的只有自己振作起來，並靠著自己的力量尋找生存下去的新園地。

小金魚求生的鬥志，相信也深深地感動了你，其實，萬物求生之道很簡單，方法無他，只有一個道理：「無論如何都要生存下去！」

還記得在動物頻道上看見的，當獅王出現，馬兒無一不拔足狂奔，好幾回都快被追趕上了，卻看見馬兒好像有無限的潛能，一轉眼又拉開了距離，到最後獅王放棄了，馬兒繼續活下去。

路沒有眞正的盡頭，只要抱持希望，那條路同樣會是希望之路，一如弗西姆太太的境遇。

當新生的小金魚爲她帶來希望，我們也從中體悟：「再惡劣的環境一樣有生存的空間，只要我們能給自己一顆明亮的心，相信希望。一如小金魚們一樣，不管環境怎麼變化，只要多給自己一點生存下去的力量，我們一樣能一代繁衍一代，一樣能開創未來的幸福家園。」

態度務實，才有穩定的投資

看準目標就勇敢前進，處世不要盲目，要多動動我們的聰明腦袋，只要能堅持務實的投資態度，才能走向一個穩賺不賠的投資未來。

世上所有富翁的成功之道，總離不開「務實」兩個字。對他們來說，想有成功的未來，首要便是減少跌倒的機會，至於如何減少跌倒的次數，當然以「把腳步踏實踩下」爲要，除此之外，再也沒有比這個更好的方法了。

無論你現在正對什麼樣的機會，先想想，你是否急於飛躍步上高峰？若心中出現這樣的念頭，請先緩一緩，然後提醒自己：「成功是急不得的，那些可以轉眼致富、名利雙收的機會，往往也在轉瞬便會消失。」

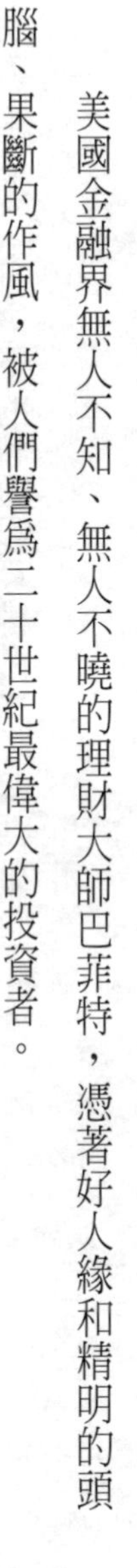

美國金融界無人不知、無人不曉的理財大師巴菲特，憑著好人緣和精明的頭腦、果斷的作風，被人們譽爲二十世紀最偉大的投資者。

巴菲特的理財天分從小就展露出來了，十一歲時，他便懂得將零用錢投資某公司的股票，那個投資經驗雖然讓他賺進五塊美元，但因爲在股價上升時他便立即拋售，沒想到股票仍然繼續狂升，讓他少賺了好多錢。

不過，這個「投資初體驗」讓巴菲特學到不少東西，從中他明白一件事，那便是如果對某種股票有信心，就要堅持到底，不管買了之後是上漲還是下跌。

所以，巴菲特後來買進股票，每一張至少都會保有十年八載。他不是盲目投資，而是非常嚴格地了解投資選擇的股票。沒有絕對的了解，他不會輕易投資，這個投資觀念他很早就明白，也因此，在初中畢業時便賺進了一塊面積四十畝的大農場。

七〇年代初，當傳播事業和廣告業正處於低潮期時，巴菲特卻大舉買進包括華盛頓郵報、美國廣播公司在內的股票，此舉引起了人們質疑與否定。

然而，神奇的事情再次在巴菲特身上發生，他買進這些股票之後，股價便直線上升，讓他又大賺了一筆。

一九六五年，巴菲特最爲人津津樂道的便是收購哈柯維公司的股票，當時股價市值只有十二美元，但他收購後股價卻一路上漲，直到九〇年代時，一股就有八千五百美元，二十六年間升值了數百倍。

對此，總有人問巴菲特成功的奧秘，他也不吝於分享，回答說：「第一，做事要果敢，切忌猶豫不決。第二，不熟悉的事不做，如果有人向你推薦廉價的股票時，你千萬別接手，不管那些公司名氣有多響亮，最重要的是，不瞭解的公司千萬別沾手。第三，選擇素質高的公司標準很簡單，只要流動資金不多，老闆持有大量現金，且老闆的特質是穩健踏實、果決就行了。」

從這裡，我們不只看見投資大師巴菲特的理財天分，更看見他處世生活的堅

持，有人分析說，這個堅持才是讓他成功的眞正原因。

那是什麼樣的堅持呢？

正是「多用自己的腦袋」！

即便他已是人人敬重的大師，也不希望人們一味地聽他說，強調「自己不瞭解的公司不要碰」，便是希望人們要多動動自己的腦袋，不要盲目投資。

再者，想獲利便要多用心研究自己的投資目標，這就像寫好夢想計劃的人一樣，不要一味地只想到成功時的光芒與財富，而是要深入了解其中的經營者及投資過程，是否有華而不實的跡象，一旦方向不對，才好立即修正改變，免去不必要的風險損失。

「看準目標就勇敢前進，處世不要盲目，要多動動我們的聰明腦袋，只要能堅持務實的生活態度，也秉持務實的投資態度，堅持看準了也確認了投資標的才出手，如此我們才能走向一個穩賺不賠的投資未來。」這正是股神巴菲特在故事中與我們分享的致富之道。

步步為營，才能締造雙贏

成功方法沒有準則，只有踏實的每一步，慢慢地，我們一定能一步步累積，一直到夢想的目標。

無論市場競爭多激烈，最重要的是我們是否知道自己在做什麼，唯有清楚自己想要的，才能眞正走到心中的目標。

不要欣羨別人已走到成功的目的地，或老是埋怨自己爲何總走不出去，眼前我們應該要釐清的是，忙亂了這麼久，到底是否知道自己在做些什麼？

雷曼兄弟公司是一家歷史悠久的老銀行，廿世紀七〇年代末期，他們一年利潤可達三千五百萬美元。

據了解，他們來自德國，先人原來是賣牛肉的小販，這個家族來到美國後，便在南方經營貨車販售的流動商行，後來雷曼兄弟接手，先是選定在阿拉巴馬定居，然後又一同開設一間雜貨店共同經營。

由於該區是棉花產區，當地居民手上有許多棉花相關材料，現金卻不多，所以大都只能以棉花和商家交換日常用品。

但這種以物易物的方法對商家來說不只麻煩，而且不利於計算營收，所以大多數人都不願意配合，唯獨雷曼兄弟不同，對這種交易方式非常感興趣，鼓勵農民大可用棉花替代貨幣。

雷曼兄弟很清楚自己在做什麼，手中的算盤更是算得十分精明，他們之所以願意用棉花來交換，不僅是爲了吸引那些沒有現金的顧客，好擴大客源，更重要的是，這樣的交易方式讓他們能處於棉花銷售市場的重要地位。

這不僅有利於他們操縱棉花的交易價格，更能趁經營日用雜貨本來需要的運輸，在空車回去時順便將棉花銷售出去，省下了一筆運輸費。

對此，雷曼兄弟稱爲「一筆生意，兩頭贏利」，這正是他們經商歷久不衰的成功之道。

成功跨出了第一步，看似犧牲利益的雷曼兄弟反而從中獲利，從原本的小雜貨商，轉變成爲經營大宗棉花的商人，棉花典當業務更成了他們的主要工作。

到了一八八七年，他們終於在紐約證券交易所中取得一個席位，成爲「果菜類農產品、棉花、油料」代辦商，也一步步地開拓他們的商業王國。

看完故事，雷曼兄弟看似精打細算，其實仍然有一定的付出，因爲，若不是站在農民們的立場思考，又怎麼想得出「以物易物」的交易方式？

與人交往，供需之間，是否事事都應該以金錢做評量，也許得視情況而定，但經商者多一點善心總是好的。一如雷曼兄弟，看似利惠自己的動作，事實上是雙方受惠，誰也都沒吃虧，畢竟農民們手中的棉花若不與他們交換，那收成的棉

花同樣也得靠自己去找買家，其間很有可能一再被剝削。

他們不只顧及了自己的利益，事實上也顧及了農家的生計，如此周全且卓越的經營頭腦，當然能開展他們的事業版圖。他們從雜貨到專業的商品代售，進而成就自己的商業王國，在在顯示了經商之道不只要步步爲營，更要緩步踏實地進行，只要目標清楚，總能達成目標。

想擺脫過去的陰霾迎向未來，就不要把這樣的設定視爲空談，雷曼兄弟的故事便是要告訴那些曾經失敗過的人：「成功方法沒有準則，只有踏實的每一步。只要一步踏穩了，然後才跨越下一步，慢慢地，我們一定能一步步累積，一直走到夢想的目標。」

越用心計算，反而越失算

要提醒自己不能投機，更要叮嚀自己小心提防。只要少一點貪婪之心，隨時保持務實的生活態度，自然能少一點受騙上當的機會。

相信不少人都曾有過這樣的經驗，購物消費時，拼命地殺價，或是辛辛苦苦地計算比價，還以爲自己眞的佔到了便宜，沒想到一轉眼，才發現自己還是買到最貴的價錢。

常言道「賠本生意沒人做」，商人絕對不會讓自己吃虧的，誰都想生存下去，眞要說吃虧，也不過是賺多或賺少的問題而已。

其實，生活和購物一樣，越是用心計算，反而越失算，以爲佔盡了便宜，結果往往失去更多，不是嗎？

以前，費城西部有兩間敵對的商店，一間叫紐約貿易商店，一間則叫美洲貿易商店。這兩間商店僅有一牆之隔，雖然是隔壁鄰居，但兩家店的老闆卻因爲競爭而成了死對頭，較量的方式便是經常可見的價格戰。

這天，紐約貿易商店的窗口上掛出一張告示：「愛爾蘭亞麻被單大特價，這款被單品質極優，買了絕對賺到，如此優惠的價格可說是前所未有，每床七美元，欲購從速！」

美洲貿易商店的老闆發現後，立即也貼出新的告示：「各位，你們一定要擦亮眼睛，請看看本店的床單，絕對是世界一流，而且我們不光只有一流的品質，更有一流的價格，今天只要六美元，千萬別錯過。」

告示貼出，當客人們在他們門口前猶豫時，他們便會走出商店搶客人，要是搶不過，甚至會相互咒罵對方，最終還大打出手。

但是，無論商家怎麼競爭，消費者都是最受惠的一群，所以，人們習慣冷眼旁觀他們爭鬥，然後耐心等待想要的特惠價格。

這種情況持續到有一天其中一位老闆去世，幾天之後，另一位老闆不知道何故，開始清倉拍賣，等東西賣光後便匆匆搬家，從此人們再也沒看見他。

「以後只剩下他一個人獨佔市場，爲何放棄呢？」人們不解地討論著。

「也許打出感情了吧！」有人半嘲諷地說。

事實上大家都猜錯了，當房子的新主人清理兩間房子時才發現了眞相。

原來，兩間商店之間可以相通，那條秘密的通道就是他們商店上的住家，經過探尋，更讓人得到一個驚人的答案，原來這兩個老闆是親兄弟。

三十多年來，那些咒罵、恐嚇和攻擊不過是一場又一場唬人的戲碼，所謂的價格競爭更是騙人的，因爲打完了架，他們所舉辦的勝利特賣會，不過是一種噱頭，爲的是要吸引消費者走進商店啊！

到底誰才是贏家呢？

客觀地說，無論是消費者還是商家都是贏家，消費者時時都能撿到便宜，至於商家的犧牲也不算是犧牲，畢竟那是一種經商策略，只要能吸引客人上門，那他們肯定是贏家，而且是最大的贏家！

再換個角度說，當眞相被揭開時，消費者的主觀感受必然少不了「被騙」的感覺，那麼這時消費者便成了輸家。

在笑看兩兄弟的聰明心機的同時，首先要提醒自己，身爲消費者的我們應該時時睜大雙眼，不要老想佔便宜。

爲了生存，總有人會想出各式不可思議的狡詐行爲，這時除了要提醒自己不能投機，更要叮嚀自己小心提防。其實，只要少一點貪婪之心，隨時保持務實的生活態度，自然能少一點受騙上當的機會，更能冷靜看清有心欺騙的人！

誠實無欺是致富的根基

「誠實無欺」四個字，不僅適用於商場，也適用於人際交流間，能坦誠實在行事的人反成珍寶。

在這個「無奸不商」的環境中，問一問自己，當我們遇見有心欺騙人的商家時，有多少人會繼續任由他們欺負敲詐？

想讓生意做得長久，除了要有好的創意頭腦，更要有誠懇踏實的經營概念，如此才能有一個長久且穩健的未來。

人心是敏銳的，稍微一點不踏實的心態別人很快便會感受到，就像踮起腳尖前進的人一樣，不只無法長久走下去，還有可能隨時都會跌倒摔傷。

有一群印第安人正圍在某間店鋪前，但他們只在門口觀望，遲遲不走進去。

這時，當地的印第安酋長出現了，進門便對老闆約翰說：「請將貴店最好的貨物拿給我看看，我要一件毯子，還要幫我妻子買塊印花布！」

約翰找到酋長要的商品，然後親切地說：「這些是本店最好的產品。」

酋長看了看，滿意地點頭說：「很好，那我這件毯子要付三件貂皮吧？印花布也要一件貂皮吧？」

約翰點點頭，酋長說：「我明天帶貂皮來跟你換。」

第二天，酋長背來了一大包袋子，裡面全是貂皮，一進門便大聲地說：「老闆，我來付帳了。」

酋長從袋子裡拿出四件貂皮放到櫃台上，這時他神情有些猶豫，接著又從袋子裡拿出第五塊質感非常佳的貂皮，然後說：「一共五件貂皮！」

「不，四件就夠了！」約翰將第五件貂皮退回給酋長。

「你的產品有這個價值啊！」酋長說。

「您只欠我四件貂皮，我只收下我應得的。」約翰堅持說。他們就爲了要四件還是五件貂皮而推讓了老半天。

最後，酋長忽然笑著說：「好！」隨即將第五件貂皮收回包包裡，然後走出門口對著他的族人說：「進來吧！你們可以跟他做買賣，他不會欺騙我們印第安人，因爲他不是個貪心的人！」

酋長說完，便轉身對約翰說：「朋友，如果你剛才收下最後一件貂皮，我就會叫他們不要跟你打交道，甚至還會趕走其他的客人。不過，現在你已經是印第安人的朋友了。」

約翰笑著點了點頭，這天約翰店內堆滿各式毛皮，抽屜裡也塞滿了現金。

故事傳遞出來的道理很簡單，先從我們熟悉的「童叟無欺」四個字說起，經商者應當以誠懇誠實的態度與人相交，若是事事私心爲己，諸事計較貪圖，不僅

讓自己難以得到好的合作伙伴，更難在商戰場上佔有一席之地。

再進一步，我們也看見了誠懇經營的約翰，選擇自在人生的智慧，唯有「收下自己應得的」，懂得拒絕不屬於自己的，才能讓自己處世更為坦蕩，並在商場上歷久不衰。

想想，若換作是我們面對同樣的情況，又會怎麼處理應對呢？

不可否認的，面對金錢誘惑，多數人都難以抗拒，但收下不應當收的財富或佔有不是自己的錢財時，有多少人眞的不會感到心虛？

財富不是光指金錢累積，其中還包括我們的人格資產等，故事中的約翰，雖然當下少賺了一筆意外之財，但就後續發展來說，他的經商良心卻也實實在在地為他奠定了眞正致富的根基。

想事業成功，想闖出一片天的朋友們，別忘了「誠實無欺」四個字，這幾個字不僅適用於商場，也適用於人際交流間。畢竟在這個人人認定無奸不商的思維中，能坦誠實在行事的人反成珍寶，對以務實態度的人來說，他們當然會知道誰才是好的合作對象，誰才能與他們共創佳績。

你搶的是先機，還是危機？

無論世道怎麼變化，都要謹守住自己的理念，多用聰明的腦袋思考，而不是一味地跟著人們的腳步前進，才能開創屬於自己的未來。

在商場上，我們經常會聽見人們這麼說：「聽說接下來的市場走向是這樣，可要快點跟上啊！」

其實，即便我們是跟在領先者身後的第二順位，一樣也是「跟風」，如果老是一味地以別人的成功作爲學習模仿對象，卻不思考自己適合什麼，或思考衝動盲從是否恰當，那麼以爲搶得的先機，最終反而會成爲人生危機。

羅斯柴爾德家族是舉世聞名的經商家族，羅斯柴爾德的三兒子尼桑則在義大利從事棉、毛、煙草、砂糖等買賣。這位傳奇人物最爲人津津樂道的，是他在幾小時內從股市中賺進百萬英鎊的故事。

那天，倫敦證券交易所內充滿了緊張氣氛，因爲大家都在等待尼桑的動作。氣氛之所以如此緊張，主要是因爲昨天英國和法國展開了一場戰役，如果今天英國獲勝，那毫無疑問的，英國政府的公債將會因此暴漲，反之，如果法國獲勝，英國經濟勢必一落千丈。

因此，交易所裡的每個投資者都很焦急地等待戰場消息，因爲他們知道，只要能比別人早知道結局，即使是十分鐘前，也能大賺一筆。

然而，在那個沒有無線電也沒有鐵路的年代，大家只能等待快馬傳遞回來的資訊，但是戰役遠在千里之外，再加上在這之前英國老是吃敗仗，讓投資者對英國勝利的可能性充滿擔心，甚至是沒有信心。

就在這個時候，面無表情的尼桑開始有動作了，先是賣出英國公債。

市場立即傳出「尼桑賣了」的消息，所有人都毫不猶豫地跟進，瞬間英國公債暴跌，至於尼桑這邊，依然面無表情地拋售，就在公債價格跌到谷底時，尼桑卻突然大量買進所有債券。

交易所內的人全迷糊了，猜不透尼桑行動的箇中原因，大家異論紛紛，但就在這個時候，官方傳來英軍大勝的消息。

是的，英國在此次戰役中獲勝，當場交易所內又是一陣大亂，公債價格開始暴漲，此時尼桑則悠然地站立在高處，欣賞市場內紛亂的畫面。

事實上，尼桑並不依靠官方消息，而是靠自己的情報網。羅斯柴爾德家族遍佈西歐各國，原本就視資訊為家族繁榮的命脈，所以他們很早就建立了橫跨全歐洲的專用情報網，並擁有當時最新的通訊設備，有了如此高效率的情報通訊網，讓尼桑比英國政府搶先一步獲得戰況消息。

除了消息靈通之外，狡詐的尼桑還耍了一點心理戰術，當他知道英軍勝利的消息時，並未急著買進，而是先來個欲擒故縱，大膽地運用自己的影響力，讓盲目的人跟進掉入陷阱中，接著便開心地坐享收成。

對此，相信有人會大罵尼桑可惡，竟然敢賺「國難財」，並利用無知的人來增加他的財富。

只是，世上什麼樣的人都有，與其責怪尼桑，不如責怪自己，爲何要一窩蜂跟進，又爲何要盲從跟隨？

人類群居除了合作之外，便是爭鬥，誰都想替自己爭得一個好地盤和地位財富，想想，你我不也正在戰場上攻佔自己的未來地盤？

在此，只想給每個人一個小小的叮嚀，無論世道怎麼變化，或出現多麼險惡的環境危機，都要謹守住自己的理念，要有定性定見，多用聰明的腦袋思考，而不是一味地跟著人們的腳步前進，如此才能開創屬於自己的未來。

只要不盲目跟隨，多一點自省與獨立自主的思考，無論環境如何變動，狡詐之人如何欺瞞，總能看破其中玄機，讓自己免去災禍意外。

4.

用堅強的自信笑看人生

把苦難和折磨視為生活的一部分，以頑強的生命力面對突如其來的意外和坎坷，用堅強的自信笑看人生。

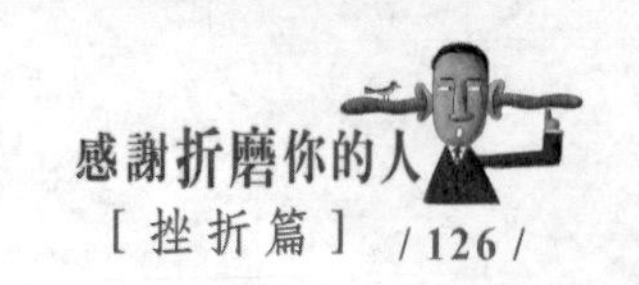

用意志力創造奇蹟

如果在你身上從來沒有奇蹟出現，那麼只要你現在下定決心，貫徹始終去做好一件事情，奇蹟很快就會發生的。

有些人遭遇挫折就自暴自棄，最後和自己的人生目標背道而馳，但是某些人卻把折磨當成是老天贈送給自己的禮物，最後開創出嶄新的生命版圖。

如果你想出人頭地，就必須調整自己的想法，改變害怕折磨的心態，如此才能看見和以往迥然不同的未來。

人生眞正的開始，是你勇敢跨出第一步的瞬間；奇蹟的發生，則是在第一步跨出之後的堅持不懈。

只要你不放棄，跌倒了會再積極地站起來，就算必須重新開始，奇蹟仍會適時出現，陪你一起把不可能的任務完成。

美國醫學界曾經發生過一個令人難以置信的案例。

有個叫羅伯特的男孩出生的時候雙腳便癱了，病因是先天性胯骨錯位。醫生搖搖頭對他的父母說，他這一輩子是不可能站起來行走了。

當羅伯特慢慢長大，看見別人能自由自在走路的時候，心裡非常羨慕，總是不斷地在心裡祈禱，請求上帝幫助自己：「我也要和別人一樣走路，我知道上帝很愛我的。」

終於，羅伯特六歲那年，扶著兩把椅子勉強站了起來，但是只要一跨出步伐，想試著走走，便立刻應聲倒地。

但羅伯特一點也不氣餒，不斷地告訴自己：「羅伯特，如果你想站著走路，就不可以放棄。」

意志是一種神奇的力量。他不斷地向上帝祈禱，也一次又一次地嘗試，最後居然移動了腳步。

這時，羅伯特打從內心狂喜地尖叫了起來，他高聲呼喊著：「我站起來了！我能走路了！」

家人聽見後全都跑了過來，驚訝得說不出話來，他的父母更是喜極而泣。

羅伯特不斷地嘗試走路，因爲父母親的鼓勵和自己的毅力，後來他終於能慢慢地像鴨子般滑行了。

從此，他的生活變得非常快樂，生命充滿了活力和動力。

六十多年以後，有一天羅伯特發生了一場意外，造成左膝蓋受傷，隨即被送進醫院，並照了X光。

醫生吃驚地看著X光片，來到他的身旁，無法置信地問道：「你以前是怎麼走路的？」

因爲X光片上顯示，羅伯特的臀部根本就沒有關節，也沒有大腿窩，如何能站起來？又如何能走路呢？

最不可思議的是，羅伯特竟然和平常人一樣活動了六十多年，經過醫生告知，才知道自己的臀部沒有關節和大腿窩！

世間的奇蹟無所不在，而且，往往只要充滿意志力，就會創造出凡人無法想像的奇蹟。

羅伯特的故事，正是意志力創造奇蹟的最佳例子。

人的生命裡究竟有多少可能性？羅伯特的用行動回答我們：「人生充滿無限可能」！

如果在你身上從來沒有奇蹟出現，那麼只要你現在下定決心，貫徹始終去做好一件事情，奇蹟很快就會發生的。

人生的開始，是在你跨出的那第一步，奇蹟的發生，是在第一步跨出之後的堅持不懈。只要你不放棄，跌倒了會再積極地站起來，就算必須重新開始，奇蹟仍會適時出現，陪你一起把不可能的任務完成。

你的命運交響曲由你來指揮

人的命運是可以改變的，隨著客觀環境的變化，隨著個人的主觀努力，你也可以親自指揮一場動聽的命運交響樂。

當一個人對生命感到徬徨無助，而伸出手心，請人算命之時，其實正代表著他失去了對自己生命的掌控權。

很多人相信命運，但卻不了解什麼是命運！

所謂的命運，事實上就是運行不止的生命；命運不是既定的宿命，而是隨時都在變動的生命流程。

看待命運的態度不同，人生自然會有迴然不同的發展。

法國作家巴爾札曾寫過一段鏗鏘有力的話語：「不幸，是天才的晉身之階，信徒的洗禮之水，能人的無價之寶，弱者的無底之淵。」

人生的成就確實如此奧妙，關鍵就在於如何面對生命中的各種打擊。貝多芬的故事告訴我們，當一個人受盡折磨時，潛能才會徹底激發出來，而且，唯有此時才能越挫越勇，登上命運的巔峰。

貝多芬是備受推崇的世界級音樂大師，然而他的音樂之路與輝煌成就，卻始終與不幸結伴而行。

法國文豪羅曼羅蘭在《貝多芬傳》裡描述，童年時代的貝多芬，不僅沒有得到母愛，更鮮少能有機會飽餐一頓。

到了青年時代，貝多芬的日子依然過得非常清貧，也得不到愛人的垂青。二十六歲那年，他更遭遇了生命中最嚴重的打擊。

那時的貝多芬，正値黃金時期，因爲他的音樂天分開始受到矚目，但不幸的是，他竟然罹患了中耳炎，聽力開始急遽減退。

身爲一個音樂家，喪失了聽覺，可說是件生不如死的打擊。

當時，貝多芬曾經難過地對友人說：「當身邊的人能聽見遠處的笛聲，而我卻聽不見時，這是件多麼痛苦的事！」

爲了不讓人們發現自己耳聾，貝多芬從此不再參與任何社交活動，獨自躲進一個寂靜的世界。

然而，殘酷的命運並沒有讓貝多芬消沉，反而激發他的旺盛鬥志，在音樂創作的領域中加倍努力。

在耳朵發生嚴重聽覺障礙後的五年內，貝多芬陸續創作出包括《第一交響曲》等幾十首著名的樂曲。

隨著耳聾的情況越來越嚴重，貝多芬的創作天分反而進入了全盛期。

在這段期間內，貝多芬創作了大量優秀的作品，例如第三和第八交響樂章、第四和第五鋼琴協奏曲，以及《黎明》和《熱情》……等著名的鋼琴演奏曲，爲音樂世界開闢了一個嶄新的時代。

完全失去聽覺後，貝多芬仍然繼續著音樂創作與指揮排練。

爲了能準確知道鋼琴的演奏情況，他準備了一根細棒倚在鋼琴上，另一端則用嘴咬住，如此一來，琴弦的振動便會傳到棒子，再由齒骨傳到內耳，那麼他便能準確判斷音律是否正確。

完全耳聾的貝多芬，透過音樂生動地表現他扼住命運咽喉的吶喊，創作出不朽的《命運交響曲》。

德國哲學大師思格斯聽到這首命運交響曲時，內心非常激賞，他在寫給妹妹的一封信中如此說道：「我敢保證，妳一輩子也沒有聽過這樣震撼心弦的交響樂曲，《命運交響曲》每一樂章都清楚展現了動人的生命面貌，似乎貝多芬的一生全都寫在這個交響樂中了。」

追溯許多不平凡人物的生平，沒有一個不是從最平凡時出發，爲什麼他們能成爲不平凡的人？

因爲，他們知道命運不是宿命的輪迴，而是隨著自己的心境而變動的，生命不是既定的流程，而是操控在你手上的方向盤，你想往什麼方向去，人生的道路便會朝著那個方向延伸。

貝多芬努力用他的雙手，創造他的人生，也許宿命論者會說，這是他「時來運轉」，但他的成功眞的只是幸運而已嗎？沒有不斷的自我超越和剛毅不撓的堅強鬥志，他又如何能成爲人人景仰的「樂聖」？

人的命運是可以改變的，隨著客觀環境的變化，隨著個人的主觀努力，你也可以親自指揮一場動聽的命運交響樂。

你就是自己最有力的貴人

試著在痛苦或不堪的時候，對著鏡裡的自己反省，為什麼自己會變成這副模樣？相信更能疏通自己的負面思緒，建立起自信心。

人的一生當中，難免會遇到各式各樣的困難和挫折，想要成功，就必須學會勇敢面對。

人生起伏不定，不管順境或是逆境，都是自己的人生。面對困境，有很多唾手可得的解決方法，至於能不能醒悟，其實在於你面對事情與生活的態度。

一味地逃避，失敗挫折反而會如影隨行，倒不如轉過身來正面地迎向它，才能把它當成向上躍升的踏腳石。

工廠宣告倒閉後，查理失去了所有財富，成了一個名副其實的窮光蛋，不得不四處流浪，過著乞討的生活。

每天心情都非常沮喪的查理，一直無法面對這個殘酷的事實，好幾度都想自殺。直到有一天，他遇見了一位牧師，人生才有了轉變。

查理一把鼻涕一把眼淚地哭訴著，將自己如何破產、如今流浪的事情，從頭到尾細細地說了一遍，然後請牧師指點，如何才能東山再起。

牧師望著他，沉默了一會兒才說：「我非常同情你的遭遇，我也很希望能夠幫助你，但是，很對不起，我實在無能爲力。」

查理的希望像泡沫一樣，突然間全部幻滅，看著牧師喃喃說道：「難道我眞的沒有出路了嗎？」

牧師思考了一下說：「我雖然沒能力幫你，但我可以介紹你去見一個人，相

信他一定可以協助你東山再起。」

「這個人是誰？他眞的有能力幫我？」查理有點懷疑地問。

於是，牧師帶著查理來到一面大鏡子前，用手指著鏡子說：「我要介紹的人就是他，全世界只有這個人能使你東山再起。只要你好好認識這個人，然後下定決心去做，你就一定會成功。」

查理往前走了幾步，愣愣地望著鏡子裡的自己，用手摸著長滿鬍鬚的臉，望著頹廢的神色中那對帶著迷惘無助的雙眸，不禁啜泣了起來。

第二天，查理又來見牧師，不同的是，這一天的他幾乎是換了一個人似的，不僅步伐輕快有力，雙目更是堅定有神。

他對牧師說：「我終於知道我該怎麼做了，謝謝您，是您讓我重新認識了自己，今天我找到了一分不錯的工作，相信這會是我成功的開始。」

重要的並非你遭遇什麼挫折，而是如何把挫折變成生命的重要轉折。想活得更耀眼，就必須試著改變，用積極的想法驅逐消極的看法，如此，生命的陽光才能照亮你前進的步伐。

遇到問題，許多人只會宣洩負面的情緒，讓自己的腦海充滿悲觀、消極的想法，卻不去正視問題。

於是，再次遇上相同的困難的，情緒便比上一次更加猛烈，問題的糾結便卡在心中，無法開解之餘，便會成爲憂鬱症患者，或是淪爲逃避現實的流浪漢，甚至想要以自殺的方式了結自己的生命。

就像故事中牧師教導查理的，試著在痛苦或不堪的時候，對著鏡裡的自己反省，爲什麼自己會變成這副模樣？

解鈴還須繫鈴人，面對面問自己，或直指自己的不是，相信更能疏通自己的負面思緒，建立起自信心。

唯有徹底認識鏡中的自己，不斷激勵情緒低落的自己，你才能爲自己明指一條嶄新的人生大道。

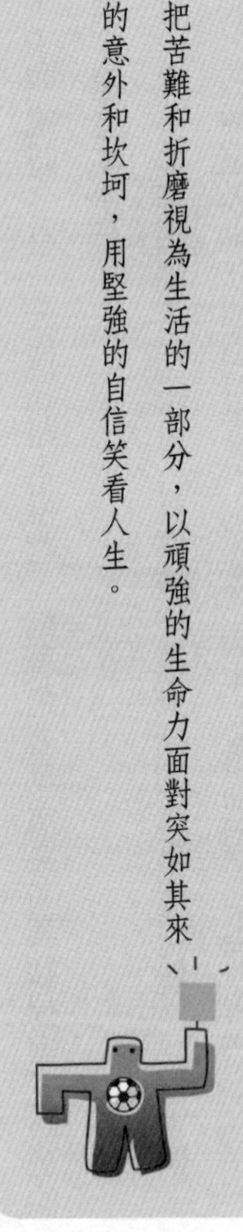

用堅強的自信笑看人生

把苦難和折磨視為生活的一部分，以頑強的生命力面對突如其來的意外和坎坷，用堅強的自信笑看人生。

德國詩人歌德曾經寫道：「我們雖可以靠父母和親友的庇護而成長，倚賴兄弟和藉朋友交遊的扶助，因愛人而得到幸福，但是無論怎樣，歸根結底，人類還是得依賴自己。」

確實，人生充滿著無可預知的變數，但是也因爲這些突如其來的變數，人生才顯得多彩多姿。

生活的磨難可以訓練你我的意志，讓我們的性格更加堅強，生命更有韌性。

只要心中充滿信心，沒有什麼能阻擋我們達到夢想的目標！

班納德是一位歷經各種人生風雨的德國人，他的一生走得跌跌撞撞，前後遭受了一百五十多次的苦難磨練，許多人都說，他是這個世界上，最倒楣也最堅強的老人。

在他出生的第十三個月時，不僅摔傷了脊椎，還跌斷了一隻腳。兒童時期，喜歡爬樹的班納德，則是不小心摔傷了手腳；後來，騎單車時，又被忽然颳起的一陣風吹倒，再次跌個四腳朝天，膝蓋還受了重傷。

到了十四歲時，有一天他在路上慢跑，跑著跑著竟然莫名其妙掉進了路旁的垃圾堆裡，還差點窒息。

又有一次，他好端端走在路上，竟然被一輛失控的汽車把頭撞了一個大洞。還有一次，一輛垃圾車在傾倒垃圾時，居然一不小心將他埋在下面。

更慘的是，有次他在理髮店坐著等理髮師，沒想到又遇上一輛失控的汽車，

衝撞進理髮店裡……

班納德曾經仔細算過，在最倒楣的一年裡，他竟然遭遇了十七次的重大意外事故。但令人驚訝的是，他依舊健康地活著，而且心中充滿了自信。他說，都歷經過一百五十多次的生命磨難了，還有什麼好怕的呢？

對班納德而言，這些層出不窮的惡運都是磨練生活的最佳機會，他不僅愈挫愈勇，還把苦難和折磨視爲生活的一部分，以頑強的生命力面對突如其來的意外和坎坷，用堅強的自信笑看人生。

與其爲無法預測的事情鑽牛角尖，還不如用心掌握自己的心境，把一切的不如意當成是老天給自己的禮物，感謝這些折磨自己的際遇，如此才能爲自己所面臨的困境找到出口。

不管你是第一次遇上生活瓶頸的人，還是在不景氣中跌跌撞撞的人，學學班納德的生活態度吧！

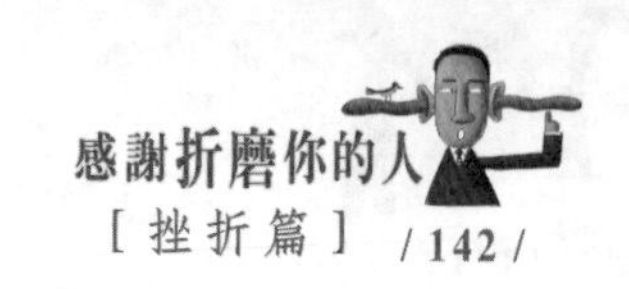

怨天怨地，不如怨自己

生命是由我們自己掌控，人生的路也是我們自己在走。日子過得快樂還是悲傷，也是發自我們的情緒。

每個人都會有苦難與成功的時候，因此，聰明人常說「痛苦就是一種祝福」，不管他們嘴裡含著多麼苦澀的滋味，臉上仍能充滿令人羨慕的「苦盡甘來」的幸福微笑。

反過來說，那些不願吃苦的人，即使嘴裡含著一顆甜蜜的糖，臉上仍然只會出現無盡的「苦臉」。

眼前的路是你自己選擇的，人生的方向也是你自己立定的。不管多少人給過

意見或壓力，最終的決定權其實都在你的手中。所以，無論結果如何，唯一要負責任的人，只有你自己！

賈西只要一遇到麻煩就只會逃避，當隻縮頭烏龜。

這天，賈西又在向艾琳抱怨了：「可惡，老天爺眞不公平！爲什麼老是給亞瑟那麼多好處，而我卻什麼爛攤子都會碰上？」

艾琳看著賈西，淡淡地說：「上天是公平的！」

賈西原本想得到艾琳的安慰，沒想到反倒被潑了一盆冷水，頓時情緒高張，壓抑著情緒，口氣極差地說：「哪裡公平了？妳說啊？」

艾琳嚴肅地看著賈西，被一雙專注的眼神瞪得心虛的賈西，連忙移開眼神，半側著身子等待艾琳的解釋。

艾琳說：「你當初是跟亞瑟一起進公司的吧？」

賈西點了點頭：「是啊，那又怎麼樣？」

艾琳搖了搖頭，回答說：「你怎麼不平心靜氣問問自己，爲什麼今天還在這個位置上呢？」

賈西一聽，連忙氣憤地說：「所以我才說，上帝是不公平的啊！」

艾琳嘆了口氣說：「難怪你還坐在這裡！你自己回想一下，每當大家一起想企劃，一起通宵趕工時，你在哪裡？還有，你與亞瑟雖是拍檔，但是事實上的分工狀況又是怎麼一回事？工作完成了，你便現身；事情不夠完美，你便推說全是亞瑟的責任，不是嗎？」

聽著艾琳指證歷歷，賈西的頭忍不住低了下來。艾琳繼續說：「老天是公平的，你付出多少就回收多少，所以，沒有付出就一定沒有收穫！」

賈西聽著艾琳的指責，把頭壓得更低，而且連一個字兒也不敢說了。

老天爺向來不愛管人閒事，所以聰明人領悟出一個道理，提醒人們四字箴言：「天助自助」。

從字面上來分析，我們都已經幫助自己了，何須老天爺再幫一把？

所以，豐收時的「謝天」，其實正是感謝自己，感謝自己辛苦了那麼多年，感謝自己努力付出那麼多。若老天爺會開口說話，我們可以相信祂會這麼說：「感謝你自己吧！」

至於和賈西一樣一無所成的人呢？

相信老天爺也很想回應他：「要怨就怨你自己吧！」

生命是由我們自己掌控，人生的路也是我們自己在走。日子過得快樂還是悲傷，也是發自我們的情緒。

上天賦予我們一切權利，也給我們一切生活的條件，生活中的幸與不幸是由我們決定。我們的生命如此自由，還有什麼樣的資格怨天尤人呢？

人生有很多必經階段，沒有人能代爲經歷，更沒有人有義務爲你負責。

無論結局是「感謝自己」，還是「怨怪自己」，一切只等你盡心付出後，再與上天分享吧！

下不了決心，成功就不會降臨

一個無法下定決心而輕易放棄的人，不管擁有多麼好的條件與機會，到最後仍然會回到原點，成為永遠的失敗者。

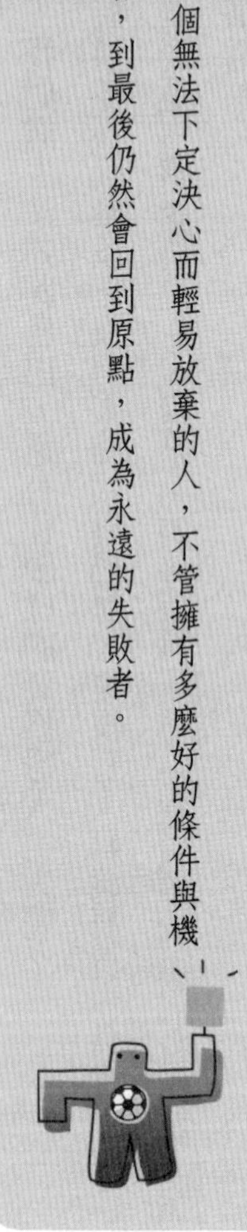

有位哲人說：「一個人怎樣才能認識自己呢？絕對不是通過思考，而是通過實踐。盡力去履行你的職責，那麼你就會立刻知道自己的價值。」

成功只能在不斷行動中產生，想要出人頭地，除了設定目標努力工作之外，眞的沒有其他任何捷徑，更沒有替代道路。

只要你確實下定了決心，也紮紮實實盡了全力，那麼就不必再過程中患得患失，成功自然會適時降臨。

生命中有許多因素會讓人軟弱，但也可以讓人更堅強。你想從此力爭上游，還是日漸墮落，完全取決於你的決心。

許多問題的發生與否，是快樂還是折磨，端看你能否掌握事情的走向，並控制它們對你的影響。

美國總統亞伯拉罕．林肯曾說過這麼一個動人的故事：

有個鐵匠把一根長長的鐵條插進炙熱的炭火中冶煉，每當鐵條燒得通紅時，便把鐵條抽出，放到鐵砧上用力敲打。

只見鐵匠揮著汗說：「我要把它打成一把最鋒利的劍。」

但是，當他完成後，仔細看了看辛苦鑄成的劍，卻一點也不滿意，於是又把劍送進炭火中。

當鐵劍再次燒得通紅時，他又取出來用力敲打。這次他要把鐵條打得扁一點，因爲他認爲：「這比較適合鑄造成種花的工具。」

鐵匠用力敲敲打打，新工具也終於完成了。

但是，大家從鐵匠的臉上便知道他還是不滿意。一如大家預期，鐵條再次被放進火爐中，繼續進行無法預期的旅程。

只是，不管鐵匠怎麼「決定」，最後都被自己推翻了。而這塊鐵條的命運也在鐵匠的反覆不定下，一直無法塑形成功。

忽然，一陣嘶聲響起。那是鐵匠把熱鐵條放進水裡的聲音，他嘆了口氣說：「唉，明天再鑄吧！」

查理德斐爾爵士曾說：「目標的堅定是性格中最必要的力量泉源，也是成功的利器之一。沒有它，天才也會在矛盾無定的迷徑中徒勞無功。」

人生本來就充滿選擇，如何面對發生在自己眼前的事情也是一種選擇，你的態度將決定你未來的人生道路。

你是否曾像鐵匠一樣，因爲下不了決心而輕易放棄了夢想，不再堅持？

一個無法下定決心而輕易放棄的人，不管擁有多麼好的條件與機會，到最後仍然會回到原點，成爲永遠的失敗者。

曾經有人請教《人生的光明面》作者諾曼．皮爾博士這樣一個問題：「對於什麼樣的事，您才會保持積極呢？」

博士回答說：「我只對『我能控制』的事情保持積極的想法，像飛機失事之類天災人禍，就不是我所能控制的事了！對於這類不得已的事實，我不會浪費精神去思考，因爲不管我怎麼想，也不能使飛機完好如初。但是，未來我會更加注意飛行時的安全，這就是我能控制的事。」

什麼是「我能控制的事」？

就是鐵匠拿在手中的鐵條，就像我們能努力爭取的機會，只要「行動」了，就是我們所能夠控制的事。

夢想並不遙遠，實踐夢想更不是遙遙無期。只要我們腦海中的夢想藍圖夠清楚，只要我們能果斷地下定決心，那麼每一次的鍛鍊，我們都能成功地打造出完美的夢想形貌。

過自己想過的生活

在你我的心中有太多煩擾，因為外在事物的長期牽絆，可能也由於太過在意人們的眼光，所以，我們有太多的事放不下。

清楚知道你想要的，並積極朝著目標前進，生活中的快樂就會越來越清晰。不僅如此，你還會發現越來越多的生活樂趣。

不要再爲了加薪公平與否而心煩，也不再爲了延誤的車次而發怒，因爲即使是個小耽擱，你也能從中發掘到不同的等待趣味！

每一個人都自成一個世界，想要擺脫這個世界的煩憂，不妨先審視自己的天空是否少了許多美麗的雲彩。

過自己想過的生活，並不是意味著一定要與外界隔離，而是要確立自己的人生方向，選擇自己想要的生活模式，唯有這樣才能怡然自得。

安吉爾夫婦決定到農場謀生，辭去原有的工作，也讓孩子們離開那些管教嚴密的托兒所。他們決定脫離都會生活，脫離那些熱鬧吵雜的城市。

安吉爾一家人來到了莫斯農場，這裡有二十英畝的土地，可以任由他們建立新家園。於是，除了規劃出建造屋舍的土地外，其他的地方全用來種植蔬菜水果，以及培植原來就生長在附近的堅果樹。

決定過著農家生活的他們，收入情況自然不比從前，不過他們說：「現在收入雖然少了，但是我們支出的費用也比過去減少許多。」

安吉爾先生說：「這裡比城市好太多了。你看我的孩子，雖然這裡的玩伴少，但是可以玩耍的空間卻增加了，而且笑容也比過去多了許多呢！」

安吉爾太太接著說：「是啊！以前，我們天天擔心孩子們的去向，害怕他們變壞，如今這些擔心全都省了。」

感性的安吉爾先生指著窗外說：「你看，多麼美麗的景致。我們偶爾會看見老鷹的俯衝英姿，看見虹彩的成形過程，更可以天天欣賞日出與夕陽的變化。這些生活上的滿足感，是金錢取代不了的。」

安吉爾太太更實際地說：「至少，我們知道自己爲什麼工作，也知道種植的作物是什麼，能派上什麼用場。更重要的是，現在的生活是那樣的實實在在，就像我們此刻踩踏的土地一樣！」

或許有人要問：「想過眞正的生活，難道一定要往山林走嗎？」

當然不是，而是選擇讓自己踏實快活的生活型態，有句諺語提醒我們：「生活最困難的地方，是要學會如何自然的生活。」

不管是身處科技之都，還是生活在商場，我們仍然可以找到自然的生活天地，就像麗莎．因．普蘭特所說：「當你跳脫出心中的矛盾與壓力，懂得拋開包袱，

真誠地待人待己，你便走進了自己的自然心田，來到清新、幽靜且真實的生活之都。」

學會放開並不容易，要享受自然生活更不是一件易事。畢竟在你我的心中有太多煩擾，因爲外在事物的長期牽絆，可能也由於太過在意人們的眼光，所以，我們有太多的事放不下。

只是，到底有多少事情不能放下呢？

其實，學會放下並不難，只要記住：「我知道我要過什麼樣的生活，而且我只想過自己想要的生活！」

不要過著提心吊膽的生活

生活中有太多令人擔心的事，也有許多我們得預先設想的情況。聰明地運用這些「提醒」，才能讓我們的生活過得更加安心。

大多數人總是以外在的形勢來衡量自己，並且在進行評估時患得患失，一旦別人提出勸告或警告，就開始找藉口退縮。

其實，警示的真正作用應該只在於提醒，而不是要加重生活的壓力與無謂的擔心，讓自己整天害怕這個、煩惱那個。

懂得正確借用那些驚嘆號式的警告，才更能讓我們輕鬆自在地生活。

有個汽車設計者在駕駛座的前方加了一個警示儀器。它的功用在於告訴駕駛人電池沒電、引擎過熱或是油壓不夠等情況，讓駕駛人能夠儘早發現狀況，保障行車安全。

然而，也有人問：「如果沒有預先發現的話，我們該怎麼辦？」

設計者說：「嗯，如果疏忽了這些警示，恐怕會造成車輛的損壞。不過，即使是在路上才發現信號燈亮了，也不必過分擔心。你只要儘快找間修車廠立即補救就沒問題了。因為，警示信號亮起之時，不代表車子壞了，也許只是引擎太熱而已。」

又有個人問：「喔？那萬一我沒有注意到燈亮了呢？」

設計者微笑著說：「其實，這項設計的用意只在輔助，你們不必刻意盯著儀錶板，更不必提心吊膽地等待警示燈的亮起，只需偶爾看一看即可。像是出門前的安檢與平日的保養，以及開車時的專注，才是最重要的。」

所謂的「未雨綢繆」，是要我們凡事要有遠慮，以免事情發生之時措手不及，而不是鎮日過著「提心吊膽」的生活。

就像汽車設計者加裝的警示儀器一樣，我們要注意的，並不是警示燈什麼時候會亮，而是燈亮可以預先知道車子的狀況，提早做好維護與保養。

沒有人會緊盯著儀錶板，擔心上面的指標來到紅色區域；多數人只會偶爾看一看油錶，是否還有足夠的油料前行。

生活中有太多令人擔心的事，也有許多我們得預先設想的情況。然而，這些未雨綢繆的事，不是要我們把生活弄得更加緊張，而是讓日子過得更輕鬆安穩。聰明地運用這些「提醒」，才能讓我們的生活過得更加安心。

5.

感謝那些讓自己傷透腦筋的人

應該感謝現實生活中那些讓人傷透腦筋的人，正是他們，我們才得以不斷開發思維的深度與廣度，把為人處世變成生活藝術。

換個角度思考自己的出路

不要只會從直線的角度思考，解不開問題時不妨轉個角度，也許癥結正是出在另一端。

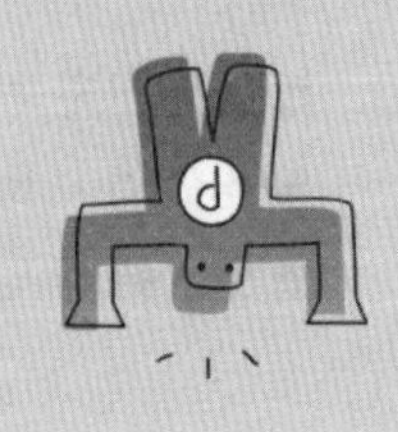

糟糕的情緒往往是當下最爲強烈，也最讓人難以忍受的。你可以選擇怨天尤人，也可以選擇透過思考轉化自己的情緒。

遭遇挫折的時候，應該激發你的思考潛力，而不是宣洩自己的情緒。想事情的時候不要執拗地只鑽一個孔洞，或許出口就在這個一直無法突破的洞孔旁邊，只要你向後退幾步，開闊自己的視野，重新觀察問題，出口便會豁然開朗地出現。

麥克是某家大廣告公司的高級主管，但是，後來他卻面臨了去留兩難的情況。其實，麥克非常喜歡自己所從事的工作，更喜歡付出多少便得到多少的薪水待遇，但是，他卻越來越討厭阻擋自己更上一層樓的上司，經過這麼多年的忍受，他覺得自己已經到了忍無可忍的地步了。

幾經思考，他決定透過人力仲介公司協助，重新找份適當的工作。仲介公司的人看了他的條件後對他說，他想找到一個類似的工作並不難，很樂觀地請他回去等候好消息。

回到家，麥克把跳槽計劃告訴了妻子。

麥克的妻子是位高中教師，這幾天她剛好與學生們討論「重新界定」的概念，於是建議麥克不妨「重新界定」自己的問題。

妻子告訴麥克，所謂的重新界定，就是把你正在面對的問題換個角度想，把問題倒過來仔細觀看，不僅自己要用不同的角度看問題，也要從其他人的角度思考問題。

接著，妻子把上課的大概內容講給麥克聽，麥克聽了妻子的話後，思緒豁然開朗，忽然有個大膽而兩全其美的創意在他腦中浮現——與其自己離職，倒不如請上司離職。

第二天，他又來到人力仲介公司，這次他想請對方替他的上司找工作。

不久，他的上司接到了人力仲介公司挖角的電話，要請他跳槽到別家公司任職。儘管他完全搞不清楚狀況，但是，他正巧對自己現在的工作感到厭倦，而且對方開出的職位、待遇也相當不錯，所以一點也不猶豫，立即接受這份新工作。

由於上司接受了新的工作，離職之後，他的位置便空了出來，於是麥克立即名正言順地坐上了上司的這個位置，更愉快地從事自己的工作。

這是一個相當有趣的故事，麥克本來是要重新找份工作，躲開令人討厭的上司，但是，因爲妻子的一番話，讓他學會從不同的角度去思考問題。

後來，他仍然做著自己喜歡的工作，不僅擺脫了令人懊惱的上司，還得到了盼望已久的升遷。

雖然麥克的例子並不普通，但面對問題的方法卻仍然通用。不要只會從直線的角度思考，解不開問題時不妨轉個角度，也許癥結正是出在另一端。

我們往往受困於實現環境，不斷誇大自己的負面情緒，結果只會離自己的理想越來越遠。其實，遇到挫折之時，我們應該做的是認眞思考對策，並且相信自己一定能夠做到，如此一來美夢就能成眞。

感謝那些讓自己傷透腦筋的人

應該感謝現實生活中那些讓人傷透腦筋的人，正是他們，我們才得以不斷開發思維的深度與廣度，把為人處世變成生活藝術。

在溝通解決問題時，沒有什麼事不能避開鋒刃、衝突的，只要我們詳加思考，任何事一定都有突破與解決的方法。

有時，只要讓思維轉個彎，玩點心理戰術，花了點時間和技巧溝通，既沒有衝突的危機，又輕鬆杜絕了麻煩。

從事寫作的喬治和妻子爲了遠離塵囂，找了很久的房子，終於找到他們理想的居住環境。

那是一個非常安靜的郊區住宅，於是他們毫不猶豫地便買了下來。這裡的環境眞的很不錯，不僅屋前的庭院有花園草坪，後面還有一片美麗的小樹林，最重要的是這裡很安靜，這對喬治來說，是個再好不過的寫作處所。

然而，有一天，這個安靜的天地，卻被樹林裡傳來的陣陣鼓聲、笛聲以及小號聲攪亂了，刺耳的聲音就像正在舉行一場露天演奏會。

喬治的妻子很不高興，循著聲音來到小樹林裡，發現那裡有幾個孩子正在練習樂隊演奏。

喬治的妻子很不客氣地請他們離開，但是卻被他們拒絕：「我們爲什麼要離開？」

孩子們說完，翻了翻白眼，態度非常堅決，使得喬治的妻子無功而返。

第二天，這群孩子又來到樹林裡練習演奏，這次換成喬治前去和他們溝通。

喬治神情愉快地說：「小伙子，你們演奏得很不錯喔！」

孩子們聽了都很高興。喬治接著說：「我也是個喜愛音樂的人，不如這樣，你們每天都來這裡演奏，我會付給你們報酬的。」

「你會給我們多少錢？」其中一個大一點的孩子急切地問。

「每次二十美元，可以嗎？」喬治說。

此後，一連幾天，這群孩子天天都會出現，而且演奏時都顯得相當賣力，似乎想以更大的噪音來賺取那二十美元。

但是，到了第五天，喬治卻裝出一副可憐的神情，對這些孩子說：「對不起，這幾天我的股票跌得慘兮兮，虧損了許多錢，現在我最多只能給你們五美元，不知道可不可以？」

這下子，所有的孩子都非常氣憤，其中年紀大一點的那個孩子更是氣得漲紅了臉，大聲地說：「哼！你休想只用五美元就要我們爲你服務，我們可不是傻瓜，才不會做如此愚蠢的事情！」

只見這個大孩子迅速地指揮樂隊撤離這片樹林，從此以後，喬治夫婦又回復安靜的生活了。

這是一個非常有趣的解決方法，喬治猜透孩子們的心理，因此解決了惱人的問題，面對難纏的人物，我們不也可以試著用這種方式因應？

從喬治夫婦兩個人不同的處理方式中，我們可以很清楚地發現，衝突並不是解決問題最好的方法。

他的太太用最直接的方法來解決問題，但是不僅無法解決事情，反而增加了彼此的衝突。喬治的方法則高明多了，只須多費點時間和技巧溝通，就讓自己從飽受折磨的環境中脫身。

從積極樂觀的角度而言，應該感謝現實生活中那些讓人傷透腦筋的人，正是他們的各種折磨，我們才得以不斷開發思維的深度與廣度，把爲人處世變成生活藝術。

用想像力經營自己的人生

培養自己豐富的想像力吧！開開心心地面對你的生活，那麼你會更有信心地前進與開拓，打造一座屬於自己的新城市。

人生當然要有夢想，但是，我們要做一個可以實現的美夢，不是一覺醒來就什麼都忘了的幻夢。

千萬要提醒自己，每一個成功者都會有許多夢想，同時他們也會積極地盯住這個夢想目標，努力前進。

當你知道追求的目標是什麼，就會朝著心中的藍圖一步一步構築自己的夢想，認眞紮實地累積自己的能力和實力，而且樂在工作之中，不會將過程的種種艱苦

當作無窮無盡的折磨。

有三個年輕的工人汗流浹背共同砌一堵牆。

這時，有個閒得發慌的人走過來問：「喂！你們在幹什麼？」

第一個人沒好氣地說：「你沒看見嗎？我們在砌牆啊！」

第二個人抬頭笑了笑，說道：「我們在蓋一幢高樓。」

第三個人邊做邊哼著歌，滿臉笑容地回答：「你還沒發現嗎？我們正在建設一個新城市喔！」

三個不同的回答，代表著三種截然不同的工作心態，三個人後來的發展當然也截然不同。

十年後，第一個工人在另一個工地上努力砌牆，第二個工人則坐到了辦公室裡，畫著建築藍圖，因爲他成了工程師，至於第三個工人，則成了另外兩個人的大老闆。

也許會有人說，第三個人只不過是態度樂觀，想像力豐富了些，爲什麼會比其他兩個人更有成就呢？

其實，正因爲他樂觀地運用自己的想像力，使他對自己的未來充滿願景，並且積極規劃自己的前途，才會有後來的成就。

故事中，有人抱怨生活，有人開心面對，有人建築夢想，那麼如何才能生活幸福、事業成功？相信你已經從中找到方法和答案了。

培養自己豐富的想像力吧！

開開心心地面對你的生活，那麼你會更有信心地前進與開拓，打造一座屬於自己的新城市。

把不公平的待遇當作成長的階梯

把嘲諷和貶抑轉化成動力，不要被他人看扁，也不要受困於眼前的環境，千萬不要被幾句惡毒的話語擊倒。

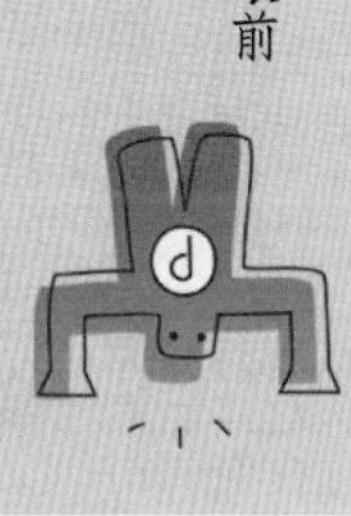

人在邁向成功的過程，所必須具備的堅毅特質，就是必須勇敢地去面對別人的譏笑與嘲諷。因爲，譏刺的話語往往比刀劍還要銳利，會刺傷一個人的意志。

如果你想開創一番事業，就應該像下面故事裡的斯泰雷一樣，試著把別人的嘲諷視爲激勵，讓它成爲逆境中前進的動力。

你聽過美國的玉米大王斯泰雷的故事嗎？

斯泰雷十六歲的時候，曾在一家公司當售貨員，當時，他的職位和薪水都很低，工作量卻十分龐大。

在他心中一直有個偉大的願望，那就是要成爲一個不平凡的人。但是，每當他流露這種想法的時候，公司的老闆便譏笑他異想天開、不切實際。

有一天，他被老闆叫進辦公室狠狠地訓斥了一頓：「老實說，你這種人根本不配做生意，你啊，徒有一身力氣，卻一點腦袋也沒有，我勸你還是到鋼鐵工廠去當個工人吧！」

老闆這番刻薄的話語，嚴重刺傷了斯泰雷的自尊，因爲，他自認做事一直都非常小心謹愼，工作態度也非常主動積極，因此被老闆這麼一激，不禁出言反擊。

他立刻對老闆反駁說：「老闆先生，你當然有權力將我辭退，但是，你不可能消滅我的信心。你說我沒有用，那是你說的，這一點也不會減損我的能力。你看著吧！有一天我會開一家比你大十倍的公司。」

老闆到這個年輕小伙子竟敢出言頂撞，而且說出這番「不知天高地厚」的話，

當然嗤之以鼻，立即將他開除。

誰也料想不到，幾年後，斯泰雷真的憑著自己的智慧，創造了驚人的成就，成爲全美著名的玉米大王。

感謝那些折磨你的人，試著把他們的蔑視、嘲諷和不公平對待視爲激勵，讓它們成爲超越逆境的階梯。

其實，我們一點也不必害怕被人責難，因爲，有時候責難並非全然沒有道理的，或許自己眞的有不足之處也說不定。

因此，當我們聽到別人的指責，應該先虛心聆聽，仔細反省自己是否有所缺失，並努力修正。

反省之後，如果自認沒有任何缺失，或是錯誤不在自己，就把這些嘲諷和貶抑轉化成動力。不要被他人看扁，也不要受困於眼前的環境，激勵自己一定要比對方強，千萬不要被幾句惡毒的話語擊倒。

你可以選擇從頭開始

換個角度面對那些折磨你的問題。一顆心沒有太多的空間容納憤怒與悲傷，我們唯一可以做的就是積極地面對未來。

也許，你剛經歷一段艱苦的歲月，或辛苦付出了好長一段人生，卻一無所得，感到十分徬徨無助……

無論眼前的際遇如何，我們終究得繼續前進。只要一切能從頭開始，未來我們就能過自己想要的日子。

包麗的丈夫爲了另外一個女人離開了她。

當每個人爲她叫屈與抱不平時，包麗低著頭說：「是的，當我決定要結束一切時，心中充滿著悲傷。」

朋友安慰她說：「別難過了，這種男人不要也罷！」

包麗看著朋友，輕輕拭了拭眼淚，微笑著說：「謝謝妳，黛咪，其實仔細回想過去那段日子，也沒有什麼特別好的回憶。現在的我反而比過去更好，所以，結束也不是件壞事。」

包麗吐了口氣，繼續說：「當初爲了照顧家庭，我放棄工作，不知不覺中我也失去了生活的樂趣。發生事情時，幾乎都是我在承擔一切，爲此我已經犧牲太多了。從這些經歷中，我告訴自己『絕不再犯相同的錯誤』。」

「當卡洛琳推薦工作給我時，我心中又重新燃起了活力。即使已經離開工作崗位很久，只要我願意，就算一切必須重新開始，也一定能過我想要的人生。」包麗充滿信心地說。

包麗勇敢地為自己打氣，我們看得出來，聰明的她很清楚地知道，悲傷的情緒並不會帶來美好的生活，一味地責怪前夫，日子也不會變得更好。

所以，包麗換個角度看過去和未來，心中反而多了一份憧憬。懷抱著面對現實與樂觀進取的生活態度，包麗更懂得從過去的錯誤中發現新的解決方式和自己的出路。

或許，現在的你也陷在困難中，何不學學包麗的方法，換個角度面對那些折磨你的問題。一顆心沒有太多的空間容納憤怒與悲傷，我們唯一可以做的就是積極地面對未來。

不管前面一步走得多麼顛簸，終究是走過來了，而且只要你願意，未來可以走得更穩健、輕鬆。

事情永遠比想像中還容易

生活不必那麼悲觀，日子也不必過得那麼痛苦。從這一刻開始，擺脫消極的念頭，給自己多一些勇氣和力量。

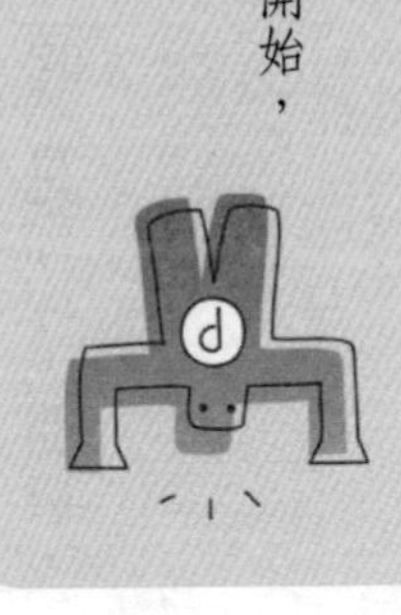

想像中的事永遠只是想像，現實的情況不管你如何預估模擬，終究要實際做了才知道。

而且，勇敢踏出第一步之後，大多數人都會發現：「原來這比想像中的還要容易做到嘛！」

文森對公司裡的一位女孩非常傾心，但是，內向的他卻一直都不敢表態。因爲，每當他想對女孩示好時，心中便會出現這樣的念頭：「跟同事約會，會不會造成不必要的麻煩呢？」

即使女孩朝著他走來，善意地送上甜美的微笑，文森仍然把心裡琢磨了很多次的話吞進肚子裡。因爲，在他的腦海裡又閃過一個擔心：「如果她拒絕了，鐵定很難堪！」

直到有一天的聚會，文森終於借了酒膽，開口邀請女孩出遊。

沒想到女孩居然帶著迷人的笑容說：「文森，你怎麼現在才開口！」

文森吃驚看著女孩，滿懷歉意說：「我一直以爲妳不會喜歡我呢。」

女孩側著頭，微笑著說：「怎麼對自己那麼沒信心呢？要不是你今天開口，我也一直以爲你不喜歡我呢！」

你是否也像故事中的文森一樣，不管是面對愛情還是工作，心中總是充滿著

害怕或自卑的情緒？

只是，就算滿心的擔憂與害怕，最後我們仍然要面對，並且想辦法把事情解決，不是嗎？

如果故事中的文森永遠都不開口，那麼他永遠都不會知道，原來女孩也一直傾心於他；同樣的，如果你不行動，永遠也不會知道，原來夢想的目標只差一步就到達了。

生活不必那麼悲觀，日子也不必過得那麼痛苦。

從這一刻開始，擺脫消極的念頭，給自己多一些勇氣和力量。如此，你就會知道，原來只要開口了、行動了，事情絕對比你想像中還要容易。

要求太多，只會失去更多

只要以尊重為前提，互相體諒與關心，各退一步，生活自然會更進一步地相互契合。

莎士比亞曾說：「疑慮是我們心中的叛逆者，由於害怕而不斷索求，結果使我們失去原本可以擁有的東西。」

老祖先的智慧也時常提醒我們：對人要求越多，反而失去更多。與人相交貴在發自內心的誠意，只要能互相體貼，自然能截長補短，讓彼此的關係更契合。

吉思已經四十歲了，擁有高學歷與高收入的他，目前一個人住在芝加哥市中心。許多人都很羨慕吉思生活自由自在，然而對吉思來說，一個人的生活是非常孤單的。

其實，吉思的心裡有一個願望，就是儘快找到如花美眷，共度幸福人生。因爲在他的心裡老早就構想許許多多畫面，像是浪漫愛情、甜蜜家庭、可愛的孩子們……全在吉思的心中反覆出現著。

渴望家庭的他，其實有幾次都已經準備好結婚了，但是每當婚期接近時，都因爲吉思不滿意眼前的未來老婆，婚事宣告取消。甚至有一次，他還是在結婚的當天演出逃婚的插曲呢！

兩年前，吉思終於又找到心目中的「理想對象」，朋友們也都稱讚她是個端莊大方、聰明漂亮又體貼的好女孩。

然而，面對條件這麼好的女孩，吉思卻仍然不滿足，因爲他還要試試這女孩是否眞的十全十美。

某天晚上他們在討論結婚大事時，女孩突然說了幾句話，吉思聽了之後，又開始後悔眼前的選擇了。

於是，爲了確定自己是否眞的找到了理想對象，吉思絞盡腦汁寫了一份厚厚的結婚合約書，要求女孩簽名後才能結婚。

這份合約清楚寫著吉思所能想像得到的每一項生活細節，像是宗教信仰，他們必須到哪一間教堂禮拜、每週上教堂的次數以及每次奉獻的金額是多少，還有他們未來要生幾個小孩、什麼時候生……等等。

他甚至還把彼此的朋友、老婆的職業、收入要如何分配等等，都仔細羅列得非常清楚。在文末，他還寫了快半頁的篇幅，詳細列出女孩必須遵守的事項，諸如抽煙、喝酒、化妝，甚至是逛街等等細節。

準新娘看完這份合約後，自然是怒不可抑。她不但把合約書退回，另外又附了一張便條，上面寫著：「普通的婚約上都有著『有福同享，有難同當』這一條，這對每個人都適用，對我也是。從今天起，我們就一刀兩斷，共同享受分離的快樂吧！」

每當吉思談起這段「奇遇」，都委屈地說：「你們看，我只是寫一份同意書

而已，有什麼不對嗎？婚姻畢竟是終身大事，不能不慎重啊！」

就像吉思一樣，沒有人不想追求一個更完美的理想對象，然而你心目中的理想對象，究竟是什麼模樣呢？你又如何堅持自己的原則呢？是否也跟吉思一樣，必須完全依照自己心中的藍圖訂做呢？

即使是極爲相似的雙胞胎，在性格、思想與才能上都會有所不同，何況我們所要尋找的另一半。

別再期望對方凡事要聽命於你，或是行動得合乎你的心意。只要以尊重爲前提，互相體諒與關心，各退一步，生活自然會更進一步地相互契合。

其實，不只是找另一半，與朋友相交也是如此，畢竟我們要找的是一個活生生的人，而不是一個冷冰冰的機器！

堅持專業態度，才有死忠的客戶

世上沒有只懂挑剔的人，只要誠意的功夫做足，消費者總是樂於與人「搏感情」，也願意成為我們永遠的老主顧。

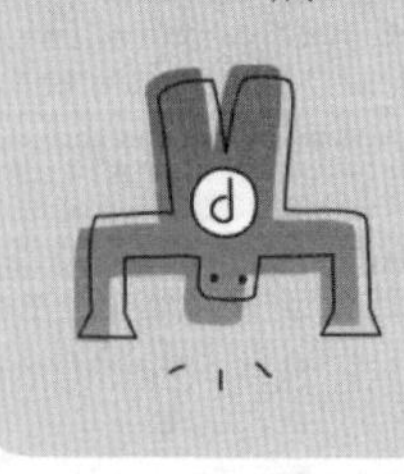

當別人對你的表現提出質疑，你是習慣立即像刺蝟一樣反駁，還是虛心檢討自己哪裡表現不佳？

不能否認的，沒有人可以完全滿足另一個人，我們即使很努力，也難達到十全十美，再努力也還是會有所不足。這時，我們該做的不是情緒性地表示「我只能做到這樣」，而是要謙虛且專業地向對方保證：「我知道仍有不足，我會加倍努力，好讓您感到滿意！」

美國南方某州，有個樵夫會定期上山砍柴，將柴薪提供給一戶人家使用。他與這戶人家已經配合了兩年之久，樵夫很清楚客人需要的木柴大小，因爲一旦尺寸不對，這家人特殊的壁爐就無法使用。

但是有一回，他送給這個老客戶的木柴規格不符合約定。老客人發現問題，立即撥電話給他要求更換，或者再將這些柴剖爲原來要求的尺寸。

可是，樵夫卻說：「對不起，我無法這麼做，因爲那對我很不划算！」

計較付出的樵夫嚴辭拒絕後，客戶只好自己處理。

他來到後院親自劈柴，一切還算順利，劈柴工作倒沒他想像中那樣困難。但就在進行到一半時，他發現有根大木頭上有著一個很大的節疤，那個節疤有著十分明顯的塡補痕跡。

「這是什麼？」他上前查看，又用腳踢了這塊大木頭。

「咦？這麼輕？該不會是空心的吧？」

他好奇地將木頭劈開，沒想到是空的，同時，木頭裡還掉出了一個發黑的白鐵罐。他把白鐵罐打開，讓人吃驚的是，裡面竟包了許多舊美鈔，他數了數，大約有二千二百五十元美金。

這位客人不想要佔爲己有，思考著如何讓它回到眞正的主人手中，所以連忙抓起話筒，再次撥電話給那個樵夫，問他這些木柴的來源。

「對不起，我不能告訴你，我不能洩漏木柴的來源。」樵夫堅持不透露。

客人努力溝通始終不得結果，只好放棄。因爲無法找到失主，這個客人順理成了這筆錢的主人。

姑且不說老客人的「得」，因爲天上掉下來的財富總是場意外，但是樵夫的「失」，在你我身上都有機會發生。

人與人之間的合作關係，需要的不只是默契，還包括對人的相信，當這個信任感消失之後，主顧之間的合作關係自然也要破滅。一如故事中的樵夫，當專業

態度不見了，當他對工作該有的基本堅持不見了，那麼客人對他的信任自然也要會逐漸喪失。

商場上，想要不吃虧，又想利益塞滿口袋並不容易。不能捨，便難以得，一味地貪圖，只想佔有別人的東西，表面看似乎能擁有不少，但實際上，我們也不難看見他們正在耗損自己擁有的機會。

想在商場上永續發展，除了要有務實的態度之外，更要有謙卑虛心的態度，以及對自我專業表現的堅持，不足就不足，應該重新修正就積極修正，直到客戶滿意為止。世上沒有只懂挑剔的人，只要誠意的功夫做足，消費者總是樂於與人「搏感情」，也願意成為我們永遠的老主顧。

6.

忘不了過去，讓人看不見危機

不論是在成功前還是成功後，隨時都要提醒自己：「再強的聚焦燈束終會休息關閉，不要忘不了風光的過去！」

忘不了過去，讓人看不見危機

不論是成功前還是成功後，隨時都要提醒自己：「再強的聚焦燈束終會休息關閉，不要忘不了風光的過去！」

只要有企圖心，任何人都能寫下成功的一頁，只是成功之後，面對接踵而來的歡呼和掌聲，甚至是奢華的享受，能不因誘惑而迷失的人卻不多。

成功眞的不難，只要有決心及信心，都能實現自己的夢想。但夢想實現的時候，請別忘了本來應走的辛苦路，眼前少走了，那便代表著我們還有許多尚未學習到的困難經驗，更代表未來的道路上隨時都會遇見它們！

傑森．斯維斯朋年僅十九歲，就靠著網路發跡，在各方投資者的幫助下成立一個名叫「心想事成」的網站，從此一舉成名。

傑森的成功算是商場上的奇蹟，不少人對他欣羨不已，甚至都認爲他將是下一個比爾．蓋茲。

不過，傑森卻陷入了成功的迷宮中，認爲自己有著非凡的能力，甚至還相信自己無所不能！

當社會和產業界一面倒地認爲他的成功可期之時，美國不少金融家也開始向他靠攏，不只主動提供他貸款，還承諾給予財力支援。轉瞬間，傑森公司的資產便從原來的一億美元擴增到二十六億美元。

就這樣，傑森爲網路世界寫下傳奇的一頁，只不過風光的掌聲，卻遮掩了漸漸逼近的危機腳步聲。

當傑森開始迷戀上奢華的生活時，美國股市突然風雲變色，傑森公司的股票從原來的一百六十八美元，狂跌到剩下二塊美元，公司當即宣告破產！

風光的生活只有兩年，傑森再次成爲一個身無分文的平凡人，至於那些曾經和他熱戀過的模特兒，和像蒼蠅般瘋狂追逐他的媒體記者，轉眼全部消失不見。

傑森重重地跌了一跤，只得再次四處籌款，希望東山再起！

但是，大家都知道他的情況，幾乎沒有人願意借錢給他，甚至連當初捧著大把鈔票出現的銀行老闆們，一個個都消失得無影無蹤。

最後，傑森從叔叔那裡借到一些錢，再次投資熟悉的網路世界，但這一回卻不復往日風光。

傑森回憶此事時，感嘆地說：「這些事讓我明白一件事，錢只認得錢，根本不認得人。我以前失敗的主因，就是我總認爲錢是認得我的。」

傑森之所以落得如此，相信聰明的你也猜出其中原因了，簡單的「自負」兩個字，便足以斷言他再也無法重回往日富裕。

當四周的掌聲響起時，傑森也同時迷失其中。風光且瘋狂地被聚焦，名利瞬間而來，就像是天上掉下來的意外之財，雖然也曾辛苦努力過，但那些辛苦路畢竟走得不夠長。

苦頭還未吃夠便一舉成名，讓年輕氣盛的傑森不懂得怎麼珍惜把握。

「成功不難，但守成不易」正是這則故事的旨意。我們只要肯努力，都有機會成功，但不論是成功前還是成功後，隨時都要提醒自己：「再強的聚焦燈束終會休息關閉，不要忘不了風光的過去！」

人生隨時都要做好謝幕的準備，那不是從此退位，而是轉向更高處的開始。聰明人知道人生不會永遠站在舞台上，回到後台，雖然少了聚光燈，但一樣能有風光且成功的未來，也一樣能再創自己想要的成就。

生氣只是傷害自己

不要用生氣來折磨自己，因為，我們再怎麼生氣，生氣的對象總還是不痛不癢，即使用力地咒罵對方，痛苦總還是自己一個人獨嚐。

面對別人不理性對待時，千萬不要用生氣折磨自己。保持冷靜才是最高智慧，既可以讓自己頭腦清醒，也不至於用相同的方式傷害別人。

人和人之間難得有完全合拍的意見，也難得有完美的情誼組合，所以，我們才會有那樣多的人際功課要學習。

其實，這門人際相處功課並不難，只要我們懂得「一笑置之」的技巧，懂得「微笑退讓」的道理，那麼關於「不合拍」或「易糾紛」之類的人際問題，自然

會在我們的笑聲中消失不見。

柏肯的爸爸正在院子裡工作，這時候，差不多是柏肯放學回家的時間。

「太可惡了，哈里眞是太過分了！」

只見柏肯怒氣沖沖地進門，然後便看到他使勁地跺著腳，看見兒子這樣生氣，父親便問：「孩子，怎麼啦？」

柏肯臭著臉站在父親面前，氣呼呼地說：「爸爸，我現在心情非常不好，總而言之，哈里得罪了我，我保證他以後沒有好日子過！」

父親聽了，沒有立即回應，只是安靜地繼續聽著兒子的怒吼：「你知道哈里有多可惡嗎？他居然讓我在朋友面前丟臉，哼！我現在要祝福他，祝他接下來遇見一件又一件的倒楣事。」

父親搖搖頭輕嘆一聲，便走到牆角，找出了一袋木炭，將木炭交給柏肯說：「孩子，來，你把掛在木桿上的那件白襯衫當做是哈里，把這些木炭當做你所想到的倒楣事。」

「那要做什麼？」柏肯不解地問。

「現在，你用木炭去砸白襯衫，每砸中一次，就當哈里遇到了一件倒楣事，等你把木炭砸完了，我們再來看看這件襯衫會變成什麼樣子。」柏肯的父親說。

「好！」柏肯點了點頭。他覺得這個遊戲十分有趣，聽完父親的話後，便立即拿起木炭往白襯衫上砸。

不過，由於襯衫掛得很遠，柏肯好幾次都沒能丟中目標，直到他扔完所有的木炭時，只有幾塊木炭砸到那件襯衫。

這時，父親又問柏肯：「孩子，你現在感覺如何？」

只見柏肯吐了口氣說：「呼！累死我了。不過，我現在心情很不錯，你看，我扔中了好幾次呢，那件白襯衫夠髒了吧？」

父親聽見柏肯這麼說，要柏肯去照照鏡子。

「哇！我怎麼這麼髒！」柏肯看見鏡中的自己，不禁嚇了一跳，因為他滿臉都是黑色的炭灰。

這時候，父親笑著對他說：「孩子，你再看仔細一點，你看，那些白襯衫變得很髒嗎？」

柏肯搖了搖頭，父親又接著說：「是啊，但看看現在的你，不是變成了一個『黑人』？孩子，當你希望別人發生倒楣事時，很多時候最倒楣的事反而會落到自己身上！別忘了，當我們懷著壞念頭，期待惡運發生別人身上時，他們或許眞的遇上了倒楣的事，但是，很多時候，它們也會在我們身上留下了難以消除的身心困厄啊！」

柏肯聽了，如夢初醒，點了點頭，表示明白父親的用意。

聰明的人都知道，怒火看似針對他人，事實上，那「火」可是發自我們的身上，炙熱的火氣最終還是傷害了自己，不是嗎？

我們常說「不要用生氣來折磨自己」便是這個道理。因爲，我們再怎麼生氣，生氣的對象總還是不痛不癢，即使用力地咒罵對方，或滿心苦悶，那痛苦總還是自己一個人獨嚐。

一如故事中的柏肯，拼命地丟木炭，擊中討厭的人看似暢快，事實上他也正在損傷自己的心靈啊！

忘掉那些啃蝕自己的不愉快，才有璀璨的未來，如果你還不明白的話，再聽聽我的建議：「當爭執起時，不妨一笑置之吧！與人不睦，何不微笑包容呢？生活中尚有許多更值得我們品味思考的事，實在不必為了一點爭執，讓自己陷入不必要的心靈困境啊！」

意外之財不能保證美好未來

世上道理很簡單，紮實累積的財富，才能真正擁有，並一輩子自在享受，意外而得的財富，轉眼自然也會意外消失的。

如果你忽然中了一億元彩金，會是怎麼樣的心情感受？是歡喜開心，還是又煩悶又傷腦筋？

不管我們會有什麼樣的心情，都不必欣羨那些一夜致富的人，也不該沉迷於金錢的遊戲之中，有太多的眞實個案讓我們明白，錢再好用，也無法買到生命中最美好的一切！

別再羨慕那些忽然致富的人，當生命安全與生活自由都失去時，可比口袋雖然空空，尚能自在快樂地走在街上的乞丐還可憐。

在美國，許多中獎者領到獎金後留下了不少眞實的心情故事。

獲得二千六百萬美元彩金的雪麗，曾對記者說：「從中我學習到一件事，那便是生命中最美好的事物是無法用金錢買到的！」

那年，正值而立之年的雪麗和丈夫法蘭克花了十塊美元買彩券，沒想到竟然中了頭彩。拿到彩金，他們同時辭去工作，開始過起「有錢人」的生活。

他們先後買了名車、鑽石，並到處旅遊，雪麗開始規劃以後的生活，提議買間鄉下房子，然後知足地開始過養老生活，一直到老去。

未料，法蘭克卻不想過平淡生活，他認爲錢還很多，滿腦子仍然想著各式名車，甚至是豪華遊艇。

對此，雪麗極力反對，因爲對她來說，自己也享受了一段時間，現在應該是守成的時候了。

由於他們對金錢觀念的不同，經常起爭執，最後只好選擇離婚。他們將家產和獎金分成兩份，一人一半，雪麗傷心地面對這個事實，經常問自己：「唉，擁有滿屋的古董和滿滿一箱的珠寶有什麼意義呢？」

自此，雪麗不再奢華過日，手中的錢越花越省，唯獨捐助慈善機構時毫不吝嗇，十分大方，因爲她說：「在這個不完美的世界中，我眞的寧可選擇美滿婚姻，而不是錢。」這是雪麗的體悟。

至於另一個中獎富翁比爾，卻在中了四百三十四萬美元的大獎後，遭到他的母親控告。

她認爲這筆獎金應該由他們兩人平分，也因爲如此，使得原本和諧的親子關係就此破裂。

「人爲財死，鳥爲食亡」，這個道理大家都知道，但也不免讓人慨嘆，當貪婪從心裡生起，人們便會爲了外物而失去自己，更失去了人性！

美國媒體曾披露賓夕法尼亞州某位樂透得主的遭遇，那年該得主中了一千六百二十萬美元的大獎，可不幸的事卻接踵而至，先是他的親兄弟僱殺手想謀財害命未果，接著又是妻子為了爭財而要求離婚。

種種怵目驚心的真實故事一再發生，也讓美國不少樂透得主選擇全數捐予慈善機構，連一塊錢也不想自己擁有。

一般人「見錢眼開」很正常，看見錢財不撿不搶的人實在很少，可是，搶得了不屬於自己的財富，到底有多少人真的能暢快享受呢？

相信大多數人還是和故事中那些「意外」富翁一樣，膽顫心驚地懷抱著手中的意外財富吧！

別再成天想著一夜致富的事，只有紮實累積的財富，才能真正擁有，並且一輩子自在享受。至於那些意外而得的財富，正因為意外而來，也往往在轉眼之間就意外消失。

行事衝動，不可能成功

行動前要三思而行，凡事更要縝密計劃後再做決定，也許時間不多，但總還是有時間做省思，將更容易把握機會。

所謂的當機立斷，不是不經思考的決定，而是幾經思考之後，在關鍵時刻立即做出關鍵的決定。

行事衝動只會爲自己帶來危機，不會帶來任何助益。眞正有謀略、有膽識的人，做任何事之前都會省思良久，他們看似轉念就做決定，但事實上腦海中已經做過了多次演練，也琢磨相關情境許久。正是如此，才讓自己有絕對的成功把握，也有信心安全走過生命中的各種困境。

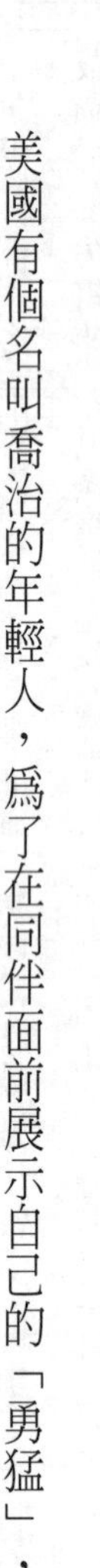

美國有個名叫喬治的年輕人，爲了在同伴面前展示自己的「勇猛」，竟然說要和響尾蛇「接吻」。未料，他連嘟嘴的動作都還沒做，那蛇就「熱情」地上前用力咬了他一口！喬治不但當不成英雄，反而哇哇大叫著被送進醫院。

每當朋友們回憶起這件事，一個個都強忍著笑意，不是沒有同胞愛，而是好逞匹夫之勇的喬治，經常發生這種讓人哭笑不得的意外。

「那時，有個朋友買了一條兩尺長的響尾蛇向大家炫耀，喬治見大家都聚焦在那個朋友的身上，心裡很不是滋味，爲了捉住大家的目光，竟開始吹噓他的捕蛇本領。」

朋友說著事情的前因後果，大家都忍不住嘆道：「喬治眞是個笨傢伙！」

喬治向朋友們吹噓自己的捕蛇技能之後，又誇口說道：「從來都只有蛇怕我，我才不怕牠呢！我說話的時候，牠們全都會乖乖地聽。」

「呿，說得跟眞的一樣！」朋友忍不住揶揄他。

沒想到這一激，喬治爲了證明自己眞的不怕蛇，當場說要表演與蛇「接吻」！隨即，大家見到喬治顫抖著身子，逞強地捧起這個「新朋友」，然後作勢準備與牠來個愛之吻。

這時，旁邊的朋友們被他的舉動嚇得目瞪口呆，連忙對他說：「你在做什麼？別再幹蠢事啊！快把蛇放下來啦！」

喬治強裝笑容，斜睨著眼看朋友說：「沒事，我經常和蛇接吻！」話一說完，他便將嘴唇慢慢靠近蛇，但就在大家緊張地盯著表演畫面時，這隻原本頗具「人性」的蛇忽然失去理性，快速地朝喬治的臉上「蛇吻」一下。

因爲蛇的動作很快，就像雞在啄食地上的米粒一樣迅速，大家根本沒來得及看清楚發生過程，只聽見喬治慘叫一聲，那隻蛇落到了地面上，至於喬治則倒在地上了。朋友們見狀，全擁上前扶住他，至於那隻蛇則因爲這個意外，被主人狠狠地打死了！

看完這個愛逞能的喬治的遭遇，想必不少人不覺莞爾吧！再想想，你身邊是不是也有這樣的朋友，又或者自己就是個空有膽量卻缺少頭腦的「匹夫」？

從喬治的行徑省思，聰明的你應該也明白了，聚光燈雖然可以吸引人們的目光，但同時也會把人照得更清楚，大家看見的不只是你的優點，還包括你想努力遮掩的缺點。

就算眞的很厲害，也不要把自己全都攤開，保留一點，反而更能讓人多一點想像空間，更重要的是，還能避免自己暴露在危險之中。

現實生活，像喬治的這樣意外經常發生。爲了逞匹夫之勇，爲了爭功搶表現，有些人不經大腦籌謀便衝動行事，急於表現自己的結果，反而讓自己失去了成功的機會。

行動前要三思而行，凡事更要縝密計劃後再做決定，也許時間不多，但總還是有時間思考，想想這樣做會不會太危險，想一想如果還沒準備好，是否該等待充分準備之後再上陣。

相信動過頭腦後，你將更容易把握機會，也更能讓人看見完美無缺的你！

信守承諾，讓人更有信心面對未來

誠信的重要之處不在於對人的承諾，而是對自己價值的肯定。因為有責任心，也因為對自己價值的堅持，所以會一再叮嚀自己要信守承諾。

不少人都有負債的經驗，逼不得已的負債或許值得同情，但不代表我們可以要求人們同情，允許我們一再背棄承諾。

現實生活中，那些負債累累或一再信用跳票的人，最終一蹶不振的原因不是因爲被擔子壓得太重，而是因爲一再放棄自己的信用，最終令他們對自己完全失去信心，不相信自己能再站起來。

有一年，凱倫因爲生活陷入困境，向友人借了四十萬元。他沒有財產擔保，也沒有任何存單抵押，一切僅靠著一句承諾：「相信我，年底前我一定會把錢還給你！」

時間匆匆，很快地便到了年底，凱倫並沒有忘記他的承諾。但此時他的財務狀況並未好轉，資金周轉依然困難，別人積欠他的債務拿不回來，而他向別人借的錢又被催得緊。

面對這個信任他且慷慨襄助的朋友，他十分在乎，然而爲了還給朋友四十萬元，他絞盡腦汁卻只籌足二十萬元，剩下的二十萬，怎麼籌也籌不著。於是他只好忍痛，把唯一擁有的一間屋子拿去抵押貸款。

但是，銀行評估房價後，雖然估計有二十四萬元的價值，可是他們卻只能借貸十八萬元。

凱倫幾經思考，最後把心一橫，與老婆商量之後，決定把房子以二十萬元的

低價賣出，好籌齊最後的二十萬元。

沒了安身的家，他們只好到郊外租一間便宜的房屋。

也許老天爺同情他，從此以後，凱倫的生活愈來愈順利，賣掉房子後的第三年，凱倫不僅還清了所有債務，而且還賺了一筆錢。回想起生活中最困頓失意的時候，凱倫沒有皺眉，只有微笑。當人們問他如何走出難關時，他的回答很簡單，只有兩個字：「信譽！」

誠信的重要之處不在於對人的承諾，而是對自己價值的肯定。因爲有責任心，也因爲對自己價值的堅持，所以我們會一再叮嚀自己要信守承諾，也就是答應了就要做到。

從凱倫的故事中，我們可以得到這樣的感觸：「還債，不是為了『有借有還，再借不難』，而是為了能坦然面對自己，為了讓自己更有信心再站起來，所以我們要堅持承諾。即便跌得很慘，只要信守承諾，人們便願意繼續給予我們鼓勵和

支持。」

所有想再站起來的人無論情況如何，需要的不外是鼓勵和支持，但是，想獲得別人鼓勵和支持，首先必須重視信譽。

背負著沉重債務的人，何不相信自己一定能把債務還清？

逝去的過往已經喚不回了，從現在開始給自己一個完成承諾的時間表，然後要求自己「一定要信守承諾」，也告訴自己「我一定能達成」，相信你很快地將發現，原來只要下定決心實現諾言，目標就一定能達到。

不怕失敗，才能迎接成功的未來

無論孩子犯了什麼錯，請不要急於大聲斥責，而是要引導他們找出錯誤的原因，並從失敗中尋找成功的啟發，邁向成功的未來。

「即使實驗失敗，我們還是能從中學到有用的東西！」這是科學家史蒂芬・葛雷的成功座右銘。

失敗並不可怕，可怕的是失敗之後衍生消極頹靡的心態。

希望早日看見成長、迎向未來的人，就別怕失敗，更別苦惱剛犯下的錯誤。只要能從過去的經驗中省思失敗的原因，並從錯誤中記取教訓，一定能找出走向成功的正確之道。

能成為科學家，對史蒂芬．葛雷來說並不難，因為自小的家庭環境，給他不少啓發，特別是他的母親，更是帶動他發揮創造力的重要推手。

當記者問他成功的原因時，他答道：「這與我的母親有關！」

那時的葛雷還只是個孩子，有一次他試著從冰箱裡抱出一瓶牛奶時，沒想到卻失手讓牛奶瓶掉到地上。瓶子破了，旋即便見雪白的牛奶倒滿一地，廚房裡滿是牛奶香味。

聽見聲音的母親，跑進了廚房，一看見這種狀況並沒有斥責他，更沒有處罰他，而是這麼說：「這是你創造的混亂嗎？看起來挺不錯的，因為媽咪從來沒看過這麼大的牛奶坑呢！嗯，既然事情已經變成這樣了，清理它之前，你要不要在牛奶水中玩幾分鐘呢？」

年幼的葛雷聽了，點點頭說：「好！」

幾分鐘之後，母親便說：「遊戲時間結束囉，親愛的，每次你玩遊戲之後，

若造成混亂，你該怎麼做？」

「要物歸原位，要整理乾淨！」小葛雷大聲地說。

母親笑著點頭說：「眞棒！那我們現在把它清理乾淨，並把所有東西都物歸原位。地板上的牛奶，我們可以用海綿、毛巾或拖把清乾淨，不知道你想用什麼東西呢？」

「海綿！」葛雷小大聲地說。

母親找到海綿之後，母子兩個人便一塊兒開始清理地上的牛奶。地上的牛奶清理完畢後，母親又對小葛雷說：「孩子，你知道要如何用兩隻手拿牛奶瓶才不會把瓶子翻倒嗎？」

小葛雷搖了搖頭，母親笑著說：「走，我們到後院去做實驗，將空牛奶瓶裝滿水，看看你有沒有法子拿動它。」

反覆練習並用心尋找對的方法，終於讓年幼的葛雷學會了拿瓶子的技巧，再也不會滑手掉瓶了。

這天，他不僅學會如何拿牛奶瓶，也明白發生問題時不只要勇敢面對，更要努力想出最佳的解決辦法！

看到史蒂芬．葛雷的母親微笑看待孩子的失誤，相信不少人會覺得她很寵孩子，可是這眞是單純寵愛孩子的行爲嗎？其實，從她要求孩子玩樂之後要記得收拾的叮嚀中，我們也領悟了她充滿愛心和耐心的教育方式。

事情已經發生，與其大聲斥責孩子，不如教導他勇於負責和如何解決問題。看著她耐心地安撫小葛雷的情緒，先以允許他玩樂，接著在他心情好轉的同時，適時地切入要孩子建立「負責任」的觀念，我們可以看見一位母親極其用心的教育技巧。

「與其打罵孩子，強勢要求他們不可以再犯，倒不如讓他們知道什麼是錯誤的，並且教導他們要如何不再犯錯。」這便是小葛雷的母親要與你我分享的教育方法和理念。

只要讓孩子學會負責後，他們便開始有了成長，也能學習正視自己的不足，學習如何不再犯錯！

雖然那只是個小小的牛奶瓶，卻也讓史蒂芬．葛雷一再從錯誤中學習，也讓他學會不再失敗的方法。

想想史蒂芬．葛雷母親的循循教導，無論孩子犯了什麼錯，請不要急於大聲斥責，制止他們從此不可再犯，而是要引導他們找出錯誤的原因，並從失敗中尋找成功的啓發，邁向成功的未來。

以誠相待，才是正確的交往心態

人與人之間，即使是再親近，也一樣要能以誠相交，更要懂得謙卑為懷的道理，如此一來，才能編織完美的人際網絡。

相信不少人都曾發現，與我們越親近的人，我們往往越不懂得包容謙讓。反之，如果和毫不相干的人起爭執，反而更能退讓、低頭，不是嗎？

原因無他，因爲我們都會認爲親友們理應懂得體諒我們。但是，別忘了，人際相處之道是共通的，那些與陌生人之間的相處模式，常常也是與你我親近的人期望得到的對待。

很久以前，北天竺有一個技藝卓越的木匠師傅，精心製做了一個木偶女孩。這女木偶不僅漂亮，連身上的服飾也十分華麗新潮，更讓人驚嘆的是，她竟能走路，還能替客人斟酒，只是不會說話而已。

當時，南天竺也有一位技藝精湛的畫家，木匠師傅得知之後，便邀那位畫家來家中作客。畫師到了後，木匠師傅便要女木偶好好服務，只見女木偶熱情地上前斟酒，侍奉得十分周到。

畫家從白天待到晚上，不知不覺地愛上了這個木偶美女！

雖然女木偶從未開口說話，但畫家卻不疑有他，還以爲是女孩子嬌羞不好意思開口，始終以爲「她」是眞的人。

經過愉快的一天，時間已到了夜晚時分，木匠師傅說：「很晚了，我要休息了，你今晚就住在這兒吧！」

「謝謝，打擾了！」畫家說。

「她今晚就留下來服侍你，有什麼需要儘管對她說。」木匠師傅補充道。

畫家一聽十分驚喜，因爲他早就想一親芳澤，如今木匠師傅還大方地要她來服侍自己，讓他心中十分感激。

當木匠師傅回到自己的房間後，女木偶卻還站在角落，畫家見狀，便上前叫她：「到我這邊來吧！」

但是，女木偶卻始終不動，畫家心想：「也許是害羞吧！」於是主動上前去拉她的手，這時才發現：「這……這手這麼硬？她竟是木頭人？」

畫家直到此時才發現，這個美麗的女孩是木頭人，也才知道木匠師傅根本是有意捉弄他。

「居然給我難堪，好，既然他有心欺騙我，那就看看我怎麼『回禮』給他！」畫家十分憤怒。

只見畫家拿起畫筆，在牆上開始畫圖，先是畫了自己的模樣，再加上一條繩子懸在頸上，就像被吊死的樣子，跟著又畫了隻鳥在啄屍體。畫完後，他沒有躺在床上睡覺，而是躲在地上等著明天看木匠出糗。

第二天早上，木匠師傅發現客人還沒起床，便到客房查看，但才來到窗邊，便看見牆上那幅可怕的畫面。由於畫作十分逼眞，木匠師傅以爲畫家眞的上吊自殺，驚叫了一聲，連忙破門而入，並隨手拿起削木頭的刀子猛砍繩索。

畫家聽見喊叫聲，便從床底下爬出來。

木匠師傅這時才發現，原來那是個「畫作」，自己被騙了！

畫家淡淡地說：「朋友，如今我們已互不相欠，情誼就此緣盡了吧！」

看完故事，誰是誰非很難理出一個道理，但不可否認的，木匠的作爲的確是少了人際交往時應有的考量。他雖然有才氣卻缺乏眞誠的心，一心想嘲弄朋友的心態，不免讓人議論，其中少不了與朋友一較高下的意味，說他眞心想與人交往，難免讓人懷疑他的誠意。

也許有些人會覺得不過是開個玩笑，有那麼嚴重嗎？然而，誰都不喜歡被嘲弄，也不是所有的人都開得起玩笑。更何況故事中的情況，很明顯地讓人發生尷尬且窘困的狀態，這樣的玩笑話可一點也不好笑，不是嗎？

能成爲好朋友無一不是歷經長時間的經營，也無一不是累積長久的信任，才能有今天的知交與對待。

好朋友當然樂於分享彼此的長才，但應當著重分享成就，而不是一味地表現炫耀，畢竟再好的朋友或是再了解我們的人，也不喜歡別人高傲自負的態度，更不喜歡被人有心嘲弄！

看著木匠與畫家的表現，相信聰明的你已經學習到了與人相處之道。

人與人之間，即使是再親近也一樣要以誠相交，更要懂得謙卑爲懷的道理，如此一來，才能編織完美的人際網絡。

保持距離，更能維持友誼

若不想失去眼前的好朋友，那麼記得退讓一步，好讓兩個人之間有一點喘息的空間，這樣彼此才能多一點包容對方的空間！

好朋友不是要天天黏在一塊才算感情濃厚，良朋知己更不是時刻都要陪在身邊才會心有靈犀。

真正的朋友不必天天見面，一樣能保持不變的深厚情誼，一樣會在關鍵時候感應到我們的需要，然後出現幫助我們。

別不相信友情的感應能力，看看你我身邊多年的朋友，能走到今天的人，雖然彼此距離遙遠或不常聯絡，但不是一樣能感受到他們的關心，即使大半年不見，再見面一樣可以看見彼此間的濃厚情誼，不是嗎？

加西亞·馬奎斯是一九八二年諾貝爾文學獎得主，二〇一〇年得主巴爾加斯·略薩則是西班牙作家，這兩位文學大家堪稱文壇最令人矚目的一對冤家。

這兩位作家第一次見面是在一九六七年冬天。那天，加西亞·馬奎斯應邀參加在委內瑞拉舉辦的一場文學頒獎典禮。

當時，有兩架飛機差不多同時在加拉加斯機場降落，其中一架來自倫敦，上頭載著巴爾加斯·略薩，另一架則來自墨西哥，加西亞·馬奎斯正坐在其中，這兩位文壇才子在此完成了歷史性的會面。

同為拉丁文學的知名作家，他們早已聽說彼此，甚至互相仰慕，這次會面可說是一見如故。

巴爾加斯·略薩是首屆羅慕洛·加列戈斯獎的獲獎者，他來加拉加斯參與授獎儀式，至於馬奎斯則是專程前來捧場。

他們幾乎是手拉著手坐入同一輛汽車，一見面就開心暢談著，根本無視旁人的存在，當馬奎斯稱略薩是「世界文學的最後一位騎士」時，略薩則讚美馬奎斯是「美洲的阿瑪迪斯」！

此後，他們形影不離地在加拉加斯度過了四天，一同制定拉丁美洲文學的大綱，還聯合創作一部有關哥倫比亞與秘魯的小說。

略薩甚至還對馬奎斯進行了長達三十個小時的「不間斷採訪」，並決定要以此作爲他的博士論文資料，這篇論文便是後來的《加夫列爾．加西亞．馬奎斯：弒神者的歷史》。

與此同時，不只兩位作家往來密切，親密的互動也讓某權威報刊及時推出了《拉美文學二人談》的專題報導，從此兩人見面更加頻繁。

兩個人交往情誼至深，後來略薩還邀馬奎斯到他的故鄉秘魯作客。在秘魯期間，薩略和妻子胡利婭第二個兒子正巧出生，馬奎斯分享這份新生的喜悅，還自願當孩子的乾爹。

只是不知道是否太親易疏，多年後，這兩位文壇好友不知道爲了什麼原因而反目成仇，對立情況讓一度要同時授予馬奎斯和略薩文學獎的主辦單位作罷，因爲他們怕其中一方要是不來會很尷尬，不過這件事始終未能證實眞實性，最終這兩個人也無法搓合在一起。

在這個找不到前因後果的故事中，人們只能從兩個名人由親密到疏離中探測原由，即使找出答案，也總是臆測居多，難得一個眞正的答案。

這則故事的用意並不在於找尋答案，而是讓我們警惕自己，人與人之間再怎麼緊密也會出現縫隙，情誼再濃，也還是會因爲一些莫名的原因而變淡。

其實，我們都知道，再親密的親友一旦涉及私利，最終便會設下屏障與我們保持距離，更何況是那些連基本情感都不願付出的人。因此，應該謹守君子交往淡如水的原則，保持一定的私人空間，也保持一定的距離，人與人之間的交往才能細水長流。

巴爾加斯．略薩與馬奎斯從黏膩的朋友關係，轉變成仇視對立的陌生人，我

想主要原因是他們不懂保持距離。

人大都如此，彼此漸近熟悉後，往往忘了本該謹守的分際，更甚者，還會越來越不懂得尊重對方。

不妨想一想，自己和別人交往，是否也有著相似的情況呢？

若不想失去眼前的好朋友，那麼記得退讓一步，好讓兩個人之間有一點喘息的空間，這樣彼此才能多一點包容對方的空間！

麻煩總是從小事開始

我們都抱著僥倖心理，最後才大歎自己倒楣。如果能在問題的開端就予以解決，最後便不會弄到不可收拾的地步。

在生活中、工作上，我們可能常常會遇到一些不起眼的小問題，或許是文件裡漏了一段內容，或許是一封該來的電子郵件沒有來，或許是因爲它很小很繁瑣，就沒有把它放在心上。

其實，許多大麻煩就是從芝麻大的小事開始的。正因它不起眼，我們也就不太留心，殊不知，一些本來可以很容易就解決的小問題，到最後卻會像滾雪球般越滾越大，終至難以收拾的地步。

有一個商人生意興隆，在市集上將貨物銷售一空，布袋裡塞滿了金子和銀子。他把裝滿錢幣的布袋綑在馬背上，騎上馬，想在天黑之前趕回家。

中午，他來到一座城裡歇腳。要啓程趕路時，僕人把馬牽到他面前說：「老爺，馬的左後蹄的馬蹄鐵上少了一枚釘子。」

「少就讓它少吧！」商人回答說：「再走六個小時就到家了，馬蹄鐵不會掉的。我還急著趕路呢！」

到了下午，商人又下馬歇腳，命僕人給馬餵點飼料。不久，僕人來到他休息的小客房裡，對他說道：「老爺，您的馬左後蹄上的馬蹄鐵掉了，要不要我牽去找鐵匠？」

「掉就讓它掉了吧！」主人回答說：「還有兩個小時就到了，這點時間這馬一定能支撐得住的。我還急著趕路呢！」

商人繼續趕路，可是走了不多一會兒，那馬開始一瘸一拐地走；瘸了沒多長時間，開始踉踉蹌蹌地走；踉踉蹌蹌地走了沒多長時間，就摔倒在地，而且還摔斷了一條腿。

這時，商人只好丟下馬，解下布袋扛到肩上，步行著朝家裡走去，直到深更半夜才到家，腳都走到破皮流血！

「眞是倒了大霉了，」商人自言自語道：「這都怪那個該死的釘子！」

只不過是一根釘子掉了！或許，我們會跟故事裡的商人一樣，心裡這樣嘀咕：「那有什麼要緊的？」

我們都知道「防微杜漸」的道理，但是卻很少正視，總是抱著僥倖心理，最後才大歎自己倒楣。如果能在問題的開端就予以解決，最後便不會弄到不可收拾的地步。

麻煩總是從小事開始。我們可能因爲疏忽、懶惰、輕慢……等等種種的原因，像這位商人一樣，心想：「不過是一根釘子掉了，有什麼關係」，忽略了這根馬

蹄鐵上的小釘子可能引發的連鎖效應，如此一來，問題只會越來越大，而不會憑空消失。

先是釘子掉了，再來是蹄鐵沒了，最後是馬的腳因此瘸了……故事裡的商人對小問題不放在心上，終於付出巨大代價。

在工作上，我們總也會有遇到這樣看似不起眼的小問題的時候，聰明的我們，應該如何處理呢？相信答案已經很清楚了。

7.

品味苦澀之後的甜美

吃點苦頭吧！人生太過順遂反而容易消磨掉我們的志氣，耗損生命本身的活力。辛苦走到盡頭，終有品嚐到苦味回甘的時候。

品味苦澀之後的甜美

吃點苦頭吧！人生太過順遂反而容易消磨掉我們的志氣，耗損生命本身的活力。辛苦走到盡頭，終有品嚐到苦味回甘的時候。

你的咖啡要加幾顆糖，幾匙奶精？

還是，你也最愛品嚐黑咖啡的滋味呢？

沒嚐過咖啡的原味，就不算眞正喝過咖啡，所以別急著加糖，更不要猛添奶精，試著一口氣暢飲到底，然後你將會發現，原來嚐盡苦澀之後，最終留在嘴裡的味道竟是那樣的甘甜美味！

阿蘭．米穆是法國當代著名的長跑選手，也是法國萬米長跑紀錄的開創者。出生於貧寒家庭的米穆，從小就已展現出運動潛能，只是家境貧困的他，很多時候連飯都吃不飽，更別提購買運動的裝備，像是球鞋等等。

後來，母親知道米穆喜歡踢球，每次見他光著腳踢球而感到十分心疼，便和父親商量為他買了一雙帆布鞋。

米穆拿到小學文憑時，他的母親很開心地說：「孩子，你終於畢業了，可以到中學讀書了。」

原本以為拿到文憑就可以繼續升學的米穆，怎麼也沒想到，母親為他申請獎助學金時，居然遭到拒絕，錢確定申請不到了。米穆雖然難過，卻不氣餒，沒有錢唸書，米穆就到咖啡館裡工作。

每天他都工作到深夜，但是從來沒有忘記自我鍛鍊，喜歡運動的他，每天早上五點鐘一到就起床練習長跑，即使累得腳跟發炎了，依然沒間斷。

他就這樣持續不斷地自我訓練。這年，他的目標是挺進法國田徑冠軍賽，第一場是一萬米的比賽，他只得了第三名；第二場，他再參加五千米競賽，這一次他略有進步，拿到第二名。就這樣一步又一步地爭取，米穆最後被選爲國家代表，準備參加倫敦奧林匹克運動會。

看似順利的機運，卻未如預期中的順遂，米穆雖然已是國家代表，但是同團的人員卻不太看好他，正因爲不看好，所以他始終被人瞧不起。

比賽前幾個小時，米穆想請人替自己按摩一下，法國醫生卻說：「對不起，孩子，我是派來爲冠軍服務的。」

米穆知道，想得到人們的關注與肯定，得先創造一個好成績出來！

那天下午，米穆參加了對他來講最具歷史意義的一場賽事，靠著長期自我訓練出來的耐力與努力，馬不停蹄地往前行進，最終拿下第二名獎牌。

米穆爲自己爭得了第一枚世界銀牌，然而這個成績還沒解除人們心中的偏見，有家報刊記者，甚至這麼評論他：「那個跑第二名的傢伙是誰呀？因爲天氣熱其他選手狀況不佳，他是因爲天熱所以能得到第二名的！」

這麼傷人的話，任誰聽了都感到不舒服，更何況是米穆！

然而，米穆卻一點也不氣餒，他決定，「下一次在赫爾辛基奧運會上，我要讓他們看見我的實力！」

米穆果眞實現了自己的承諾，在第十五屆奧運打破了世界紀錄，並在五千米競賽中，再一次爲法國贏得了一枚銀牌。

再下一屆的墨爾本奧運會上，米穆參加跑馬拉松比賽，僅以一分四十秒跑完最後四百米，並成功地坐上了冠軍寶座！

從此，米穆不必再到咖啡館工作了，不過他卻時常說：「我很喜歡咖啡，喜歡那種香醇，更喜歡它那苦澀的滋味！」

咖啡的滋味到底能有多苦，或許只有在非常的情境中才能品嚐出其味。

米穆聞到咖啡香，嚐到咖啡苦，正値他人生最苦困的時候，對別人來說，在這樣的環境中品味咖啡，大概眞要苦悶至極。

然而，對米穆來說，這份苦味道嚐來卻能品味出分外好滋味，讓他更懂得咬緊牙關，積極面對所有不利於他的阻礙和困難，即便一路嚐盡各式艱難與歧視，他仍堅持不加糖掩飾，不更改其志，一路辛苦走到盡頭，終能品嚐到苦味回甘的時候。

試著吃點苦頭吧！人生太過順遂反而容易消磨掉我們的志氣，耗損生命本身的活力。

不要在意別人怎麼看你，更不要擔心人們的歧視，你只要專心地朝著你想走的目標前進，不斷地努力，他們的眼光自然會慢慢轉變，他們的嘲弄總有噤口的時候！這是阿蘭．米穆在故事中要與我們分享的經驗。

心不動搖，就能抵達目標

想達到目標，就不能老是回頭望，只要你自信沒有問題，相信自己一定能抵達終點，那麼就勇往直前吧！

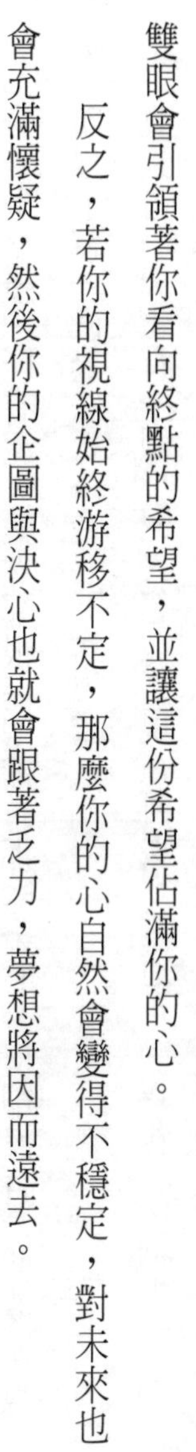

當你的眼睛只看得見目標時，恐懼和煩惱自然無法佔據腦海，因爲你堅毅的雙眼會引領著你看向終點的希望，並讓這份希望佔滿你的心。

反之，若你的視線始終游移不定，那麼你的心自然會變得不穩定，對未來也會充滿懷疑，然後你的企圖與決心也就會跟著乏力，夢想將因而遠去。

有一天，上帝忽然說：「只要哪個泥人能夠走過這條河流，我就賜予這個泥人一顆永不消失的金心。」

公告下來後，所有泥人雖然都很渴望擁有那顆金心，但卻沒有一個敢冒這個險，所以上帝一直無法將「金心」送出去。

直到有一天，有一個小泥人忽然出現在河邊，說道：「我要試一試！」

「泥人怎麼能過河呢？不要做白日夢了。」河岸邊的柳樹說。

「別過去啊！難道你不怕身體一點一點失去的感覺嗎？」老泥人說。

「千萬別下河，魚蝦們會無情地啃食你，甚至連一根頭髮都不會放過！」河底的水草說。

所有人都不支持他，個個都極力地勸阻他過河的念頭，但是小泥人心意卻非常堅決：「我一定要過河，我不想一輩子只能做小泥人，我想擁有自己的天堂，我想有顆真真切切的金心。」

小泥人之所以這麼堅持，是因爲他知道，到天堂前一定得先進地獄，然後才能眞正明白天堂的好。

小泥人下水了，雖然下水前他曾猶豫片刻，不過仍舊很快地便下定決心將雙腳踏進河水中。

「啊！」是的，一下水他便感受到一種撕裂心肺的疼痛感，他清楚地感覺到自己的雙腳正飛快地溶化。

「快回岸邊，不然你就要消失了！」河水著急地說。

但是，小泥人卻沒有答應，仍然慢慢地向前挪動，一步又一步……

「我已經沒有退路了，一旦回到岸上，我將變成一個殘廢的泥人。現在什麼都不想了，全力往前走就對了！」這一刻，小泥人忽然明白，他連後悔的機會都沒有了。

辛苦前進的小泥人，以緩慢的步伐移動著，只見魚蝦群正貪婪地吞食著他的身體，而河底鬆軟的泥沙更讓他舉步艱難，好幾次都差點葬身河底。

「好累哦，我好想休息一下！」雖然他心底這麼想著，不過他很清楚，一旦躺下休息，他就得在河底長久安眠了！

不知道過了多久，就在他幾乎絕望的時候，小泥人突然發現，他到岸了！

他欣喜若狂地朝草坪上走去，就在這個時候，他卻發現身體忽然變輕了，「怎麼回事……」

小泥人低頭一看，吃驚地發現，他身上的泥土全部消失不見了，除了一顆金燦燦的心，而他的眼睛就長在他的心上。

「想達到目標，就不能老是回頭望，只要你自信沒有問題，相信自己一定能抵達終點，那麼就勇往直前吧！」這是小泥人辛苦達成目的後的體會。

生活中我們經常會聽見許多阻礙或阻止的聲音，雖然其中有不少是出於關心，但是人生的路是我們自己的，我們終究得自己走到終點，太在意這些聲音而猶豫不決，甚至使它們成爲我們前進的牽絆，最後會痛苦或懊惱面對的人始終是我們自己！

看見了小泥人的金心，我們也明白了上帝誘惑的目的：「只要你決心走過，心與眼自然會引導你走向夢想的藍天。」

相互溝通使彼此開闊心胸

少了真誠直言，拒絕人們的真心批評，我們很容易走向固執與偏見，更容易讓自己找不到出錯的原因，以致一再犯錯。

發現別人的錯誤不難，但要坦誠自己的過錯卻不容易，因爲我們太在乎自己的面子，也太在意自己的身分和地位。

所以，很多時候我們明知道自己有錯，但卻總不願第一個承認，而老是想等待別人先低頭。

教授在這堂課播放一部影片，介紹湘西苗人的生活與風俗，那是教授特地到苗人聚居的地方拍攝的作品。

然而，就在影片播放完畢，有位女同學忽然站了起來，對教授說：「您實在不應該拍這樣的影片，我認爲您這麼做已經侵犯了苗人的隱私，他們跟我們一樣是人，那些特殊的文化習俗是他們先人傳下的傳統，如今卻被當成動物一般看待，實在有些過分。對不起，我要很冒犯地對您說，我覺得您做錯了。」

辛苦拍攝的作品當場被學生否定，教授像突然被潑了一大桶冷水，讓他在講台上尷尬地呆了半晌。然而，爲了維護自己的尊嚴，他立即回神反駁：「我不認爲我有什麼不對，爲了教學我才到那裡拍攝影片，更何況那裡本來就是觀光勝地，很多人也是這麼做的。」

「您的意思是這個拍攝動作很偉大囉？您眞的認爲從中我們可以得到直接的知識？」女學生頗不以爲然地問道。

「妳眞是亂七八糟，居然質疑我的專業！總之，我的做法沒有任何不妥的地方。」教授堅持道。

教室內的氣氛愈來愈凝重，各執其詞的兩個人互不相讓，女學生最後更氣沖沖地說：「既然這樣，我拒絕上您的課，我要走了。」

教授憤怒地回答：「好，妳走吧！像妳這樣的學生，我才不在乎。」

下一堂課女同學果眞沒有出現，同學們都很爲她擔心，因爲學期就快結束了，如今退選這堂課，她恐怕得重修了。一些與她要好的同學都勸她：「都已經快學期結束了，妳何必給自己找麻煩呢？這是民族課，我們又不可能走遍各個民族居住地，教授當然只好用這樣的方法了。」

女同學沒有任何回應，不過卻在下一堂課出現在教授的辦公室，只見她主動上前說：「對不起，這幾天我仔細檢討了自己，我知道自己的想法太過偏激了，一時間忽略了您對教學付出的心力，忽略了您對教學的專業與責任感，這件事是我不對，請您原諒我的莽撞和不禮貌。」

教授點著頭說：「很高興妳回來了，其實我也有錯，我只顧著自己想做的事，卻疏忽了對別人應有的尊重和關懷。如果不是妳提出這個問題，我想我永遠也看不見自己的缺點。我也要感謝妳，爲我上了一堂這麼寶貴的尊重生命課程。」

看見女同學的認錯，也看見教授放下尊嚴承認自己的不足，你是否看見了教學相長的希望？沒有人喜歡聽不好聽的話，只是少了直接的指責，我們很難得到成長的機會。少了真誠直言，拒絕人們的真心批評，我們很容易走向固執與偏見，更容易讓自己找不到出錯的原因，以致一再犯錯。

另一方面，在大膽提出批評後，我們也小心地檢討自己的建言是否偏激，畢竟很少有人能完整表達自己心中的本來意思。就像故事中的女同學，雖然心中想表達的是關懷與熱情，然而太過直接的批評，卻讓原來的關懷心意失了色，看在別人眼裡反而成了情緒衝動。

所以，看見別人缺點時，別忘了控制自己的情緒，人際間的基本禮貌仍得兼顧，回頭請求人們的體貼和原諒，並無損你的正直真心。只要學會了溝通功夫，那麼人們不僅樂於聽見你的直言不諱，更懂得體諒你的真心。

迎接大浪，才能綻放光芒

不論哪一種選擇都不是最好的，其中有快樂也有痛苦，然而這就是人生，沒有人能把快樂全數集中，讓痛苦完全消失。

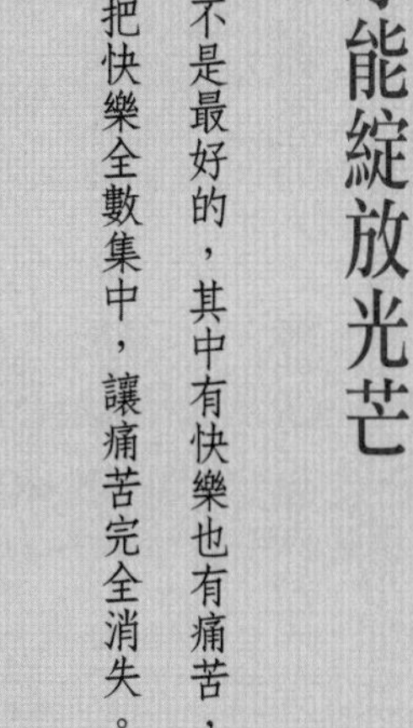

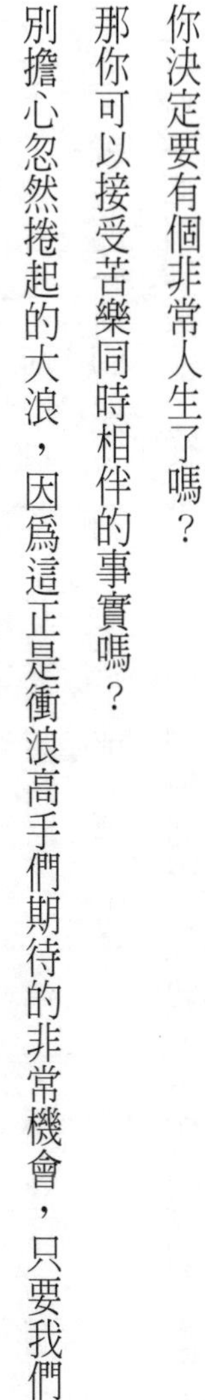

你決定要有個非常人生了嗎？

那你可以接受苦樂同時相伴的事實嗎？

別擔心忽然捲起的大浪，因爲這正是衝浪高手們期待的非常機會，只要我們能鼓起勇氣向前迎去，越大的浪就越能展現自己的實力。

有位老人家自小吃盡苦頭，如今總算累積了一份價值不菲的家業，而他也到了人生暮年的時候，是時候將家產分配給他的孩子們了。

老人家膝下育有二子，兩個孩子在老先生教育下，一樣聰明也一樣踏實能幹，因此多數人，其實也包括他自己，都認為應該將財產一分為二，平均分給兩個兒子。不過，就在臨終前的最後一刻，老先生卻改變了主意。

他將兒子們叫到床前，從枕頭下拿出一把鑰匙說：「我一生所賺得的財富全鎖在這個箱子裡，不過我只有一把鑰匙，所以只能交給一個人。」

兄弟倆驚訝地看著父親：「為什麼？」

老先生繼續說：「總之，我現在要讓你們自己選擇。選擇這把鑰匙的人，必須從此承擔起家庭的責任，並按照我的遺願和方法去經營管理這些財產；至於拒絕這把鑰匙的人，則不必承擔任何責任，他的人生完全屬於他自己，可以按照自己的意願去開創想要的未來。」

也就是說，接下這把鑰匙的人，雖然可以保證一生平順富足，但從此會被束縛住，失去自由；拒絕它的人雖然前途未卜，但卻可以走出屋外，去尋找無限的

未來，尋找屬於自己的精采人生。

老父親又補充道：「不論哪一種選擇都不是最好的，其中有快樂也有痛苦，然而這就是人生，沒有人能把快樂全數集中，讓痛苦完全消失。現在，你們考慮清楚，最重要的是，你們要仔細問一問自己到底想要什麼？」

大哥點了點頭說：「小弟，我想要這把鑰匙，不知道你是否同意？」

只見小弟微笑地說：「好，不過你必須答應我，要好好管理父親的事業，如果你能答應我，我就可以放心地去闖蕩了。」

兩個男孩的路各自選定，日子匆匆地走過二十個年頭，兩兄弟也有了明顯不同的變化。

哥哥雖然生活舒適安逸卻一點也不放縱，將家業管理得井井有序，個性也變得越來越溫和儒雅，只是少了些銳利和堅韌。至於小弟，則歷經生活艱辛，受盡磨難，幾經起伏，性格當然變得剛毅果斷。在最苦的時候，他也曾有過後悔，不過他不忘提醒自己：「不能怨恨，因為這條路是我自己選擇的，更沒有退路，我只能勇往向前。」

經歷了各式起伏跌宕，小弟終於創下了一份屬於自己的事業，也是在這個時候，他終於了解到父親的心意。

「無論我們選擇什麼樣的人生，人生始終是苦樂相隨。只要心存希望，執著信念，總會走出屬於自己的人生！」這是老父親最後的遺訓。

小弟雖然一度在嚴酷的現實中出現悔恨，但是卻沒有讓自己繼續懊惱，而是用心地省思父親的訓勉。

他知道，不斷地哀聲嘆氣對自己一點好處也沒有，既然當初選擇了「自由發展」，那麼他就必須真正闖出一片天，讓「希望」再次出現在心中。

小弟總算熬過了一關又一關，如同他父親一般達成白手起家的成就，我們更可以這麼說，小弟的成就更勝兄長。經過一番風雨洗滌和磨練後的成功身影，不必陽光映照，自己就能綻放光芒。

快意生活就在轉念間

人們憤世疾俗或是消極悲觀的原因，幾乎都是一些小事情而已，有時甚至與自己一點關聯也沒有。

有些人成天抱怨，其實是爲了換得人們的安慰；有些人愛胡鬧，眞正的目的，也只是爲了換得他人的關愛眼神。

但是，當你爲了這些小事鎮日吵吵鬧鬧，不管是否達到了願望，深受「心理磨難」的人，自始至終都是我們自己。

其實，消極悲觀的生活態度最容易磨損一個人的心志，不但讓人動輒產生負面情緒，更會使人喪失勇氣和信心，最後淪爲生活的奴隸。

在紛紛擾擾的時代，與其整天抱怨生活不如己意，不如試著換個角度，讓自己的生活變得更快意。

比爾現在的臉色非常難看，朋友們見了紛紛閃開，深怕等會兒被狂風掃到。不過，還是有關心的朋友上前慰問：「你怎麼了？」

比爾看著朋友，煩躁地說：「你知道嗎？我今天倒楣透了，居然有人把巧克力掉在椅子上，因爲天氣太熱，巧克力整個都融化了，不巧我就坐在上面，褲子也被黏到了。爲了清除這些東西，都快把我搞瘋了。我今天眞不應該出門，早知道就留在家裡了！」

朋友聽完後說：「嗯，我覺得今天的天氣很平常啊！不過，巧克力的事就眞的很倒楣了！」

比爾火大地說：「是啊，就是巧克力的問題，氣死我了！」

朋友安慰著比爾：「其實，巧克力也是件小事而已，別再生氣了。」

比爾聽見朋友這麼說，立即拉高了分貝，怒吼著說：「小事？你說小事？就是每個人都像你這樣想，所以才……」

朋友看見比爾火氣上升，連忙解釋：「沒有啦！你先別生氣。我是想說，換個角度想，既然都已經清乾淨了，就別再生氣了，沒必要讓這件小事影響你的快樂週末吧！」

比爾看了看身邊的人，吐了口氣說：「這樣說是沒錯啦，我只是……」

朋友連忙打斷他的「只是」，對他說：「沒有『只是』了，走吧！等會兒還有一場球要打呢！」

比爾點了點頭，嘴角忍不住微微地上揚。

法國著名的小說家莫泊桑曾經這麼說過：「人生雖然不像想像中那麼好，但也不像想像中那麼糟。」

其實，想要擁有美麗人生，重點並不在於是否擁有比別人精采非凡的人生，而是在於是否懂得用感恩的心情去面對雖然平凡卻心靈富裕的人生。

根據社會心理學者研究指出，生活在現代社會裡的人們，有百分之七十五的人生活態度消極，話裡也總是帶著悲憤的情緒。

然而，從這些數據中也發現，人們憤世疾俗或是消極悲觀的原因，幾乎都是一些小事情而已，有時甚至與自己一點關聯也沒有。就像見到層出不窮的影星八卦新聞，有的人也能憤憤不平地談論著。

有人說，易憤易怒是人類的天性，也是人性中無法克服的缺點。就像出門前遇上大雨驟降，多數人遇見了都會氣憤地說：「搞什麼鬼？老天爺故意跟我過不去啊？」

這樣主觀偏執的抱怨或許我們都曾有，不過，下一次或許可以試著學學聰明的人這麼說：「咦！下雨了耶！太好了，天氣涼快多了，等會兒大家就不會再那麼『躁熱』了。」

換個角度想，生活不是快意多了？

有了周全的防備仍要小心應對

不要太過依賴你現有的一切支援，再多的助力最終還是要靠我們自己小心翼翼，才能安安全全地走過生活難關。

危險看得見就不算危險，再周全的防備也還是會出現遺漏，所以生活不是我們準備好了就可以，如果對方或身邊的環境還未準備好，那麼我們依然要小心迎擊，謹慎應變。

就算看得見這一步危機，不見得下一步情況也會相同，每一步我們都應該如履薄冰，謹慎小心，才能眞正安全避開生活中的各種危機。

黃昏時刻，赫德斯、安迪和喬治三個人一同住進了一間旅館，這是他們第一次結伴同遊。

第二天早上，他們分別出去遊玩。

出門前安迪帶了一把傘，喬治則拿了一根枴杖，至於赫德斯卻是兩手空空，什麼也沒有帶。

晚上回來的時候，明明拿了雨傘的安迪，竟然淋得渾身全濕透了；而手拄枴杖的喬治，卻跌得滿身是泥巴。

至於兩手空空的赫德斯呢？

他一點狀況也沒有。這讓安迪和喬治感到十分納悶，喬治便問：「爲什麼你沒被雨淋到？」

赫德斯沒有回答，而是反問安迪：「你爲什麼淋濕卻沒有摔跤呢？」

安迪說：「下雨的時候，我很高興自己深具先見之明，所以，撐開傘大膽地

在雨中走，不過衣服還是淋濕了不少。走到泥濘的地方時，因爲手中沒有枴杖支持，所以我很小心地行走，總算沒有摔跤。」

赫德斯點了點頭，接著轉身問喬治：「你爲什麼會跌倒？」

喬治說：「下雨時，因爲沒有傘，我常常躲進屋簷，走走停停，儘量不被雨淋到。直到雨停時，走在路上雖然看見泥濘的地方，但是我卻仗著有枴杖的支持，大步跨進，卻沒想到反而跌了個大跟斗。」

赫德斯一聽，大笑著說：「我的答案很簡單，和你們全部相反就對了。正因爲我剛好沒帶傘，手上也沒枴杖，所以下雨的時候，我會找地方躲雨，直到雨停再走出來；遇到泥濘的地面，我會非常小心地前進。因爲小心防備，所以我既沒有被淋濕，更沒有摔跤。」

這也算一種「聰明反被聰明誤」的情況。許多人和安迪與喬治一樣，總愛憑藉自己的優勢，自以爲是地表現自己，偏偏越以爲準備妥當了，越是容易出現狀

況，越容易失敗。

你知道原因出在哪兒嗎？

因爲他們不知道小心謹愼地應對，總自恃著個人優勢，仗著手中的雨傘和枴杖，而輕忽了身邊的危險。殊不知事事沒有絕對，看似安全的環境其實也有可能仍暗藏危機。

所以，赫德斯在故事中提醒大家：「不要仗恃你現在所擁有的，也不要太過依賴你現有的一切支援，再多的助力最終還是要靠我們自己小心翼翼，才能安安全全地走過生活難關。」

生活偶爾會有小變動，所以我們的應變方法不能一成不變。不是有傘可以撐，就不能躲進屋簷下；不是有枴杖支持，就能輕忽地上的濕滑，不是每雙鞋都能防滑，一不小心打滑，可是會跌得你想爬也爬不起來！

什麼才是面對事情的最好方法，並沒有標準答案，因爲這牽涉一個人的性格、處事態度與應變能力，不過，我們仍舊能透過模擬各種狀況，讓自己更沉著，更機智。

用經驗把小沙粒裏成亮眼的珍珠

別問人們願不願意給你機會，而是要先問自己有什麼樣的能力，讓他們相信選上你肯定會是個聰明的決定！

常聽人說「畢業即是失業」，不知道你是否也這麼認爲？

仔細回想，剛畢業時，你是否曾雄心萬丈地對自己說：「知識累積至今，總算等到機會大展身手了！」

努力學習十幾年，好不容易等到表現機會，怎能因爲幾十次的拒絕而放棄自己呢？失業不過是生活中的一個小狀況，其實有人也和你一樣處處碰壁，然而他們卻一點也不擔心，更不會輕易放棄，因爲他們相信，每一個人各有不同的特色，每一個人一定都有屬於自己的發展機會！

有一個頗爲自負的社會新鮮人，畢業後一直找不到心目中的理想工作，求職之路處處碰壁。

「這世界上眞有伯樂嗎？爲什麼我老是遇到一些沒眼光的面試官呢？」

年輕人頗爲自己懷才不遇的情況感到不平，更對社會的現實充滿憤怒，然而氣歸氣，聲聲嘆息之餘，卻也莫可奈何。多次碰壁之後，他對這個環境來越來越感到傷心絕望，整個人也越來越失去活力。

這天，年輕人實在受不了閒賦家中的煎熬，更無法適應這個社會的現實，於是來到海邊，喃喃自語道：「難道我的人生就到此爲止了？」

年輕人起了輕生的念頭。

正當他猶豫不決時，有位老漁夫從他身邊走過，看見年輕人臉上的失意與頹喪。老先生問道：「孩子，你在想什麼？」

年輕人眼神呆滯地回答說：「沒有人肯用我，這個世界這麼大，竟然沒有我容身的地方。」

老漁夫聽完，便彎身拾起沙灘上的一粒沙子，然後對年輕人說：「孩子，你看仔細了！」

接著，老漁夫便將沙粒扔回沙灘上，然然問年輕人：「你能把我剛剛扔下的那粒沙子撿起來嗎？」

年輕人一聽，瞪大著眼說：「那根本是不可能的事！」

老漁夫笑了笑，沒說什麼，旋即又從自己的口袋中掏出一顆晶瑩剔透的珍珠，然後一樣將珍珠隨手扔到地上，再對年輕人說：「現在，你能不能將這顆珍珠撿起來呢？」

「當然可以！」年輕人自信地說。

老漁夫這才點了點頭說：「孩子，你應該明白一件事，現在你只是沙灘上的一粒沙，而不是珍珠，因此你不能要求別人必須立即肯定、相信你。想得到別人的肯定，那麼你就得想盡辦法讓自己成為一顆珍珠才行。」

現在的你是否和故事中的年輕人一樣，也正陷入苦悶而失意的情緒中？也正埋怨著處處碰壁的不公，抱怨著現實社會的折磨？

先別沉溺於這樣苦悶的情境中，把自己抽離出來，問一問自己：「我到底有什麼樣的本事，能讓別人非要我不可？」

起頭的路原本就顛簸難行，不過，只要能用正確的態度面對，願意給自己一次又一次的機會，絕不輕易放棄，小沙粒也會有熬成珍珠的一天。

一如故事中的老漁夫苦口婆心的叮嚀：「別問人們願不願意給你機會，而要先問自己有什麼樣的能力，讓他們相信選上你肯定會是個聰明的決定！」

想讓伯樂肯定自己的選擇，我們便得認真地充實自己，不計較付出，虛心學習，更積極地展現自己的工作熱情，慢慢地，我們便能爬到自己想要的人生高度，甚至超越自己。

把「不可能」變成「我能」

生命中的可能或不可能，全看本身的意願。只要願意改變，「不可能」也能轉瞬間變成「我能」。

赫胥黎提醒我們：「人生不是受環境支配，而是受思想擺佈。」

確實如此，思想的力量是很驚人的，我們對事物的感受與反應方式，不僅僅左右著我們的行為，更主宰著我們命運。

消極悲觀的想法最容易磨損一個人的心志，不但讓人動輒產生負面情緒，更會使人喪失勇氣和信心，最後淪為把什麼事都當作「不可能」的膽小鬼。

人生在世，不需要想那麼多，「能」或「不能」，嘗試後就知道。不過，在行動之前，還是得仔細想想：「沒有決心，就看不到自信心」這句話。

所以，決定行動後，別忘了給自己一份堅毅不撓的決心，然後，我們就能深刻地體驗，存在生命裡絕無僅有的神奇潛能。

小李小時候是個膽小鬼，不敢參與任何運動，任何可能受傷的活動一概拒絕，就連三歲小孩都敢坐的過山洞的火車，他也覺得不安全。

然而，一輩子想都沒想過會坐雲霄飛車和海盜船的小李，最後居然參加了多數人懼怕的高空跳傘。

他爲何會有這麼大的轉變？

原因很簡單，因爲他愛上一個女孩，而且還是個熱愛極限運動的運動女將，不管是雲霄飛車或海盜船，對女孩來說根本是小兒科。至於小李，爲了表示自己的勇猛，常硬著頭皮、僵著笑容陪伴女孩到處挑戰「他的極限」！

「親愛的，你果然沒讓我失望，我們就快結婚了，我很希望能有個與衆不同

的婚禮。我們一塊去高空跳傘好嗎？」女孩甜滋滋地說。

「高空跳傘！」小李聽到未婚妻這麼說時，差點把心臟吐了出來。

「妳確定？真的要跳傘？穿著禮服從高空跳下來，恐怕會很醜！」小李很努力地尋找拒絕的理由。

「那麼高，誰看得到？好啦！」

看來女孩十分堅持，小李只得說：「好，給我多一些時間，至少我們要找一間安全可靠的訓練中心。」

說是找訓練中心，其實小李偷偷地去報名了「潛能開發」課程，甚至還想去找催眠師，好讓他在跳傘那天「忘了恐懼」。

然而，能催眠一時卻不能催眠一世，最後，小李逼著自己走進潛能開發中心，「我要克服心中的恐懼！」

來到開發中心，小李和許多跟他一樣事事害怕、恐懼的人聚在一起，並談論著彼此的恐怖經歷。

「小李，你怎麼會膽小呢？你完成了那麼多項極限運動，我到現在連一項都還不曾嘗試，不對，應該說是『不敢』嘗試。」小方說。

「是啊，我眞希望能有你的膽量，去嘗試那些運動。」阿古很羨慕地說。

一開始，小李對大家的讚美充滿質疑，不過慢慢回想突破自我極限的當下，對自己也有了疑問，「我是不是低估了自己？」

結婚的日子到了，爲了能娶得美麗嬌妻，小李不得不和未婚妻飛向天空，去參加他至今仍然還未克服恐懼的高空跳傘。

「其實，也沒那麼可怕啊！我已經克服了那麼多事，現在只是多一樣而已。克服了它，我就沒有什事不可能辦到了，最重要的是，我等待許久的愛人從此就會長伴在我身邊了。」

小李閉著眼，感受飛機的高升，也慢慢地逼迫自己克服心中的害怕，慢慢地自我催眠：「我一定能！」

「好好地玩一玩吧！」未婚妻緊緊地拉住小李的手，並給了一個勉勵的微笑，兩個人一躍而下。

他們完成了夫妻的證明儀式。

「啊……」小李一路都在興奮狂叫著，他似乎想把這輩子從未放鬆舒展的活力和精力全數釋放。

「老婆，我愛妳！」

「我也愛你，我的英雄！」

兩個人安全著地之時，同時也給了彼此一個允諾一生的深情擁抱。

很有趣的小故事，想像小李為了迎合女孩的喜好，而強掩恐懼的模樣，應該很呆，不過，應該也呆得很可愛吧！

從硬著頭皮參與，到不知不覺地克服恐懼，這也再一次證明了一件事：「只要我們肯鼓起勇氣嘗試，就沒有什麼事能難得倒自己！」

當小李跨出了自我設限的那一步，告訴自己「我一定能」的同時，不只解除了心中的害怕，也找回原有的勇氣和潛力，為了成為妻子心目中的英雄，他喚回讓自己成為「真英雄」的決心。

生命中的可能或不可能，全看本身的意願。只要願意改變對自我的設定，願意給自己一個發展的機會，「不可能」也能轉瞬間變成「我能」。

看見小李成功突破心中恐懼時，你是否也跟著蠢蠢欲動呢？別遲疑，想動就動吧！事情沒有你想像中的那樣難。現在就讓你的心，輕鬆自在地跟著海盜船搖擺，說不定還能順便將你心底的煩惱跟著擺盪出去呢！

8.

失意之際，
更應該激勵自己

失意時，唯有靠自己才能再次找回希望；悲傷時，更唯有自己才能激勵自己重新振作。

失意之際，更應該激勵自己

失意時，唯有靠自己才能再次找回希望；悲傷時，更唯有自己才能激勵自己重新振作。

世間事總是難以預料，誰都無法保證自己不會遇見悲苦或傷痛，也無法保證自己不會再遇見困難或險境。

不過，只要你願意給自己一個微笑，更願意跟這微笑一起重新開始，就可以走過這些磨難，你的人生一定會充滿微笑。

你的生活態度將決定你的生活內容，因此，別再皺著眉頭了，不要讓哀傷繼續籠罩自己。

不管眼前的際遇如何，都只是人生過程的一個時間點，試著激勵自己，改變自己的生活態度吧！

二次大戰的時候，有天康妮接到國防部發來的電報，說她的侄兒在戰場上失蹤了。因為收到這樣的壞消息，康妮從此寢食難安。更不幸的是，不久之後她又收到侄兒戰死沙場的通知。

長期失眠導致精神不濟的她，聽到這樣的結果，心裡更是無法承受，一連串的打擊終於讓她累倒了。

康妮回想起當初和侄兒共度的幸福時光，如今一切轉眼成空。她嗚咽地哭喊著：「為什麼帶走我的快樂？為什麼是我最愛的侄兒？他的人生才正要開始，為什麼讓他就這麼戰死沙場呢？」

幾乎失去生存目標的康妮，辛苦地思考著未來。然而，她似乎已經找不到活下去的力量，甚至連安慰自己的藉口也沒有。完全無法接受這個事實的康妮，最後也放棄了最愛的工作。

鎮日以淚洗面的她，這天決定要離開家鄉，想找個沒有人的地方，帶著眼淚與悲痛度過餘生。

正當康妮在屋裡回顧曾經歷經的一切，尤其是她與侄兒的所有回憶時，忽然，看見桌上有一封侄兒生前寄來的信，這是孩子的母親剛剛去世不久後，寫給康妮的感謝信。

他在信中寫著：「姑媽，我知道大家都會想念她的，尤其是您。不過我也知道，您會平靜地度過這些思念的日子，因爲您的人生體悟一定能讓您堅強地站起來。我永遠也不會忘記您教給我的生活智慧。不論我在哪裡生活，也不管我們離得多麼遙遠，我永遠都會記得您的教誨，您經常對我們說：『孩子，記得微笑面對生活！要像一個男子漢一樣承擔一切發生的事情！』」

康妮看完了信，淚水像傾盆大雨般滴落。她一遍又一遍地閱讀著侄兒的這封信，感覺侄兒彷彿又回到她的身邊，撫著她的肩說：「用您教我的方法，繼續生活下去吧！帶著微笑，堅持下去吧！」

這封信給了康妮莫大的鼓舞與提醒，突然間，她又感受到久違的生命力。她定了定神，笑著對自己說：「我可以的！雖然不能改變已經發生的事實，不過，我可以像他說的繼續活下去！」

於是，康妮又回到工作崗位，繼續她的希望人生。

從此，她把所有的精神都放在工作以及前線的士兵身上——那些別人家的孩子們；晚上她還參加成人教育班，結交不少新的朋友。

康妮笑著對朋友們說：「我不再爲已經過去的事悲傷，現在的我，每天都充滿快樂，一如侄兒對我的期許！」

當每個人都垮著臉怪罪景氣不好，埋怨運氣不佳之時，在你的臉上出現的是微笑，還是哭喪呢？

或許，我們無法立即轉化悲傷或不滿，但是事情過後，一定要穩定情緒，面對現實生活的各種挑戰，才能繼續前進。

我們可以受外在環境的影響，但也可以不受外在環境的影響。就好像正在爬樓梯的人，忽然遇見停電，會就這麼停留在漆黑的樓梯間，還是會趕快找到扶把繼續前進？

我們都會選擇繼續前進，因為，只要繼續前進，就可以回到家中為自己點上照明的燭光，不是嗎？

人生不正是如此？失意時，唯有靠自己才能再次找回希望；悲傷時，更唯有自己才能激勵自己重新振作。一如康妮，重新開始的她，真正的力量來源，不是侄兒給的，是源自於她自己。

沒有人喜歡看見垂頭喪氣的臉，生命更不應該受限於外在環境的折磨。只要願意掌握自己的生活，即使受了重創，療傷過後，我們都可以為自己找回原本就該擁有的快樂人生。

放自己一馬，別再自尋煩惱

我們比起過去的人更能享受自主的權利，也更能過自己想要的生活。我們的心怎麼想，生活就會朝著「心的方向」前進。

社會越進步，人們的心靈反而更加煩躁不安了。

看著繁華都會裡，人人邁著急促的步伐，不知道他們都找到自己的方向了嗎？或是終日惶惶不安，徬徨無措呢？

很多事情都是這樣，發生在你眼前的事情子，究竟是悲哀的，還是幸福的，全看你用什麼角度解讀。

日子過得幸不幸福、快不快樂，重點就在於：你是否願意適時地放自己一馬？

有個年輕人爲了擺脫煩惱，四處尋找方法與秘訣。

這天，他來到一個山腳下，只見一片翠綠的草地上，有個牧童正自在地坐在牛背上，快樂地吹奏竹笛。

年輕人看著這個牧童，忍不住上前詢問：「小朋友，你看起來似乎很快樂，你能教我如何解脫煩惱嗎？」

牧童張大天眞的雙眼，搔了搔頭，回答說：「快樂？煩惱？你有很多煩惱嗎？我只要騎在牛背上，吹一吹笛子，就什麼煩惱都沒了！」

年輕人羨慕地說：「就這麼簡單嗎？可不可以讓我試試？」

牧童點了點頭，立即跳下牛背，讓年輕人坐上牛背試一試。

但是，這個方法似乎對他一點作用也沒有，吹著五音不全的笛音，年輕人的心更加煩悶了。於是，年輕人繼續前進，尋找解決煩惱的方法。

接著，他來到一條河邊，有位老翁正坐在樹下垂釣，神情怡然地等著魚兒上

鉤。年輕人看著神情滿是愉悅的老人，羨慕地問：「老伯伯您好，我想請教您一件事，請問，您能教我如何解脫煩惱嗎？」

老人家看著年輕人，接著緩緩地說：「來吧，坐下來跟我一起釣魚，保證你什麼煩惱都不見了。」

年輕人點了點頭，愉快地坐了下來。

但是，坐了好幾個鐘頭，他什麼感覺都沒有，反而越來越煩躁，最後只好向老伯伯道別，到別處去尋找快樂。

不久，他來到一個山洞，看見一個老人正獨坐在洞口，臉上也充滿著他渴望的滿足微笑，年輕人似乎也感受到那份舒適與滿足。他連忙走上前，向老人請教。

老人看著他，笑著問：「你是來尋找解脫的囉？」

年輕人點了點頭說：「是的，您知道如何解脫嗎？」

老人又問：「我再問一個問題，有人困住你嗎？」

年輕人呆住了，因爲他從來沒有想過這個問題，只見他想了又想，最後低聲地說：「嗯，好像沒有！」

老人微笑著說：「既然沒有人困住你，你又何必解脫呢？」

就像故事中的年輕人一樣，我們之所以認爲生活有那麼多折磨和煩惱，其實是因爲我們習慣於「自己困住自己」。

每個人都是獨立自由的個體，特別是活在現代的我們，比起過去的人更能享受自主的權利，也更能過自己想要的生活。於是，我們的心怎麼想，生活就會朝著「心的方向」前進。

一如故事中的小牧童與釣魚的老翁，他們的心中只有「快樂」，所以得到快樂，小牧童可以坐在牛背上快樂地吹笛，老伯伯也能在漫長的枯燥時間中，快樂地等待魚兒上鉤。

生活的方法其實只有一個小要訣，就如洞口的老人所說：「生活是苦是樂就在自己的方寸之間，只要能用積極樂觀的心境面對眼前的煩憂，隨時都能讓自己解脫！」

何必在意別人的評價？

工作成就不一定等於生活價值，這類無形的價值無法靠別人來評斷，因為天平只存在每個人的心中。

爲了尋找眞正想過的日子，人們都不斷比較彼此的情況，也許羨慕，也許模仿，也許是較量。

其實，我們都太在意他人的評價，忘了深思什麼才是最適合自己的生活方式，才會把生活視爲無窮無盡的折磨。

四十七歲的南希在每個人的心目中，正是一位成功女強人的典型。這天她接受一家媒體的採訪，記者問她：「當大家都稱讚妳是女強人時，妳有什麼感覺？」

南希回答：「女強人？我從來不覺得我是個女強人，也許這些成就讓人羨慕，但是我卻一點也不渴望人們的稱讚。」

記者又問：「但以妳現在的成就，一定會得到人們的景仰與誇讚啊！」

南希緩緩地說：「我明白，但是，當我回顧過去的大半人生之後，總算明白了一些事情。」

南希喝了口茶，繼續說：「我這大半輩子，每天都為了成就許多事而努力，但是，每當我完成一件事之後，心中的疑惑反而更多。現在我每天都在想到底什麼是『成就』？想到那些充滿壓力的生活，沒有時間交朋友，沒有空閒休息，我就很迷惘；即使有時間，也許我也忘了如何結交朋友吧？」

南希緩緩地低下了頭，說道：「這些年來，我一直用工作來逃避自己的問題，用一個又一個的工作來填滿我的時間，連假日也不放過。如今回想起來，我經常問自己為什麼不多給自己一些時間。如果一切可以回到十年前，我一定會放慢腳

步，讓自己清楚知道爲什麼而工作。至少不會像今日的我這般，一路走來居然多數空白。」

普蘭特教授曾說：「沒有人不想過簡單的生活，每個人都曾經嘗試過，但是，發現自己與別人的想法不同時，總是無法堅持下去，早早放棄。」

南希勇敢地承認，過去的生活只有空白與逃避，她看見了自己的問題。我們或者可以鼓勵她，至少的未來她一定會活得比過去精采。

但有多少人還在逃避生活，還在盲目前進呢？

工作成就不一定等於生活價值，這類無形的價值無法靠別人來評斷，因爲天平只存在每個人的心中。

你可以用工作成就來獲取人們的肯定，但是，這些工作成績對你而言是否眞的那麼重要？能不能滿足你的生活？答案也只有你自己才知道。

拋開負面情緒，享受生活樂趣

丟掉生活中的負面情緒，或許並不是件容易的事，但是，如果你能開心地笑，又何必老是哭喪著臉呢？

《梵蒂岡名言》一書中，收錄著古希臘哲學家伊比鳩魯說過的話：「不要因為奢求你沒有的東西，而不知享受已有的東西，須知你現有的東西，一度也曾是你只能嚮往的東西。」

細細咀嚼這番話，或許會讓我們有不同的感悟。

得與失之間，本來就很難取捨，大多數人容易陷於外在事物的牽絆，忘了喜怒哀樂的操控者是自己，因此才會天天被外在事物激怒情緒，帶著負面的情緒，

過著自己都忍受不了的煎熬。

事情都已經發生了，與其低頭傷心，埋怨爲什麼會這樣，倒不如花心思想想接下來自己能怎麼做。

羅森之所以能天天都快樂地生活，全靠他懂得如何解決生活中負面情緒。他在一家夜總會裡吹薩克斯風，收入並不高，但是他仍舊開心的工作，每天笑臉迎人，對任何事都非常樂觀。

羅森很愛車子，但是以他的收入，不知道要等到什麼時候才可能實現自己的購車美夢。因此，和朋友坐車出去兜風時，他總是羨慕地說：「啊，要是我有一部車就好了！」

有人開玩笑地對他說：「你去買彩券，要是中了大獎，不就有車了嗎？」

有一天，羅森經過商店，看到許多人正在買彩券，於是他也跟著買了張兩塊錢的彩券。

沒想到，羅森眞的中了大獎了！

這下子，他終於實現夢想了，他領了獎金，馬上便買下了一輛車子，天天開著車兜風。

喜歡把車子擦得光亮的羅森，總是快樂地吹著口哨行駛。

但是，羅森的開心日子並沒持續多久，有一天他把車子停在夜總會樓下，沒想到半小時之後竟然不見了。

朋友們聽到消息，想到他愛車如命，幾十萬買來的車子一眨眼工夫就沒了，非常擔心他受不了刺激，紛紛前來安慰他。

「千萬別太傷心啊！車子丟了，就算了！下次再去試試手氣，說不定會再中大獎，到時候就可以再買一輛了。」

沒想到羅森聽完忽然大笑一聲：「哈，我爲什麼要悲傷啊？」

朋友們完全搞不清楚情況，互相疑惑地對望著。

「如果你們不小心丟了兩塊錢，會很難過嗎？」羅森問道。

「不會啊！」有人回答說。

「那不就得了，我只是丟了兩塊錢，為什麼要悲傷！」羅森笑著說。

安慰別人的時候，我們經常這麼說：「看開點！」

的確，想要過幸福快樂的日子，秘訣就是「看開點」。

丟掉生活中的負面情緒，或許並不是件容易的事，但是，如果你能開心地笑，又何必老是哭喪著臉呢？

羅森的生活哲思，正是一種認識挫折，並且解決無謂煩惱的大智慧。

換個角度想，事情都已成了定局，有必要這麼痛苦嗎？

作家博思曾經寫過一句值得我們咀嚼的話語：「在順境中趾高氣揚的人，在逆境中必定會垂頭喪氣。」

凡事都不是絕對不變的，因此，順利的時候不要太得意，不順利的時候也不用太失意，唯有如此，才能眞正享受生活的樂趣。

每天都該留些悠閒的時間

生活是享受而不是折磨，生命中的分分秒秒一直都掌握在我們的手中，沒有人會忙到連抬頭欣賞明亮的星辰都沒空。

不是說好了，下班後的時間要留給自己嗎？爲什麼你總是覺得沒空呢？別再把下班後的時間留給電視，也別再把時間花在應付不完的交際應酬上，在節奏快速的現代社會，我們需要的不是更多的時間，而是更懂得運用自己的私人時間。

忙碌的現代人在面對生活的一切，包括各種人事物，也包括最私密的空間，總是用「忙」與「煩」的態度面對。我們總是忽略了一件事，如今的一切情況，

包括煩躁的情緒，其實都是自己一手造成的。

大學生古德與一位心理治療專家正在華盛頓進行研究，忙碌了一天之後，古德便問這位指導老師：「請問，今天晚上我可以做什麼？」

老師回答：「嗯，我想讓你做一件事，就是『什麼都不要做』。試著讓自己感到無聊，這也是你訓練的一部分。」

古德瞪大了眼看著老師，以爲老師是在開玩笑，但是老師卻一臉認眞。

古德不解地問：「爲什麼要感到無聊呢？」

老師解釋道：「如果你能讓自己感到無聊，並且平靜地度過這段時間，然後，你就會從『心煩氣躁的無聊感』慢慢轉成『平心靜氣的閒適感』，如此，經過一段時間的練習，你就能學會放輕鬆了。」

雖然古德半信半疑，卻也謹遵老師的指導，一直到研究結束。

後來，古德對朋友們說：「你們知道嗎？雖然當時我一點也不相信，而且剛開始時也無法控制自己，但是，經過一段時間之後，我慢慢接受這些『空閒的時間』，甚至於學會了享受它。當然，那不是無所事事或是偷懶，而是在這短短的時間內，用最舒服輕鬆的方式，更加發現自己的存在。」

只見古德笑著說：「你們也可以試試看，只需要靜坐幾分鐘。這幾分鐘內，你們要有意識地不做、不想任何事，單純地看看窗外的飛鳥或雲朵，靜靜地感受自己的情緒變化，然後你們就會發現，放鬆心情其實並不難。」

許多人都認爲，生活中到處都充滿著刺激與肩負不起的重擔，掛心著這些忙不完的事情就夠煩的了，哪裡還有多餘的時間休息呢？別說是一分鐘，連一秒鐘平心靜氣坐著的時間也沒有！

然而，眞的連一秒鐘的喘息時間都沒有嗎？

還是你連喘口氣的意念和方法都遺忘了？

經常聽見人們抱怨著：「每天工作都快累死了，哪裡還有時間整理房間？」

雖然嘴裡這麼抱怨著，但是每當看見亂成一團的房間，卻又會說：「怎麼這麼亂，這個房間眞小，看了就心煩！」

或許你的生活也是如此，然而，仔細地想一想，每天一下班後回到家裡的第一件事是做什麼？

是否也是東西一丟就躺在沙發上看電視？

大把的時間只用在「坐」的動作上，然後看著「沒空」整理的房間心煩不已。反省一下自己，是眞的沒有時間，還是不會運用時間？

生活是享受而不是折磨，生命中的分分秒秒一直都掌握在我們的手中，沒有人會忙到連抬頭欣賞明亮的星辰都沒空。

時間是我們的，下班後你不必一屁股黏到沙發上，緊盯著電視螢幕。下班後，你需要的是清一清你的腦袋瓜，理一理今天的情緒。只需要幾分鐘的時間，靜靜望著窗外隨風擺動的葉片，靜靜看著天上的明亮月色。相信這段「清靜」時間之後，你更能感受到一天的充實與舒緩的情緒。

好壞都是自己的選擇

我們都背負著不同的責任與使命，不管快樂還是悲傷，其實重量我們老早已經適應了，或者說這個重量，也是我們自己選擇的。

忠實地面對自己的人生，是好是壞都是我們自己挑的，怨不得旁人。

就像一位人類學研究者所說：「心智是人類唯一能掌控，而且沒有任何他人可以代為操控的。」

人生本來就充滿選擇，如何面對發生在自己眼前的事情也是一種選擇，你可以微笑面對，也可以哭鬧賴皮。

什麼才是面對事情的最好方法，並沒有標準答案，因爲你的選擇決定你的人生，別人無法替你做選擇。

有個身心俱疲的婦人，經常認為上帝讓她背的十字架比別人重，因此經常祈求神，讓她與別人交換。

這天，她做了一個奇異的夢，眼前忽然出現各式各樣的十字架，什麼材質都有，大小也各不相同，就在角落裡有一個很小的十字架，上面鑲著各種碎鑽與黃金，非常美麗。

婦人便想：「這一個背起來一定很舒服吧！」

但是，沒想到她連挪動一下都沒有法子，因為這個小十字架居然比她的體重還重。看著閃爍的鑽石光芒，她只好放棄了。

後來，她又看見一個木雕的十字架，上面還纏著美麗的玫瑰，心想：「這應該容易多了吧！」

然而，當她輕鬆地將它背起來時，卻被滿是針棘的玫瑰刺得渾身是傷，連忙將十字架放下，重新選一個。

挑了好久，終於找到了，那是一只簡樸的十字架，也是唯一讓她背起來感到最舒服的一個。

她決定要這一個了，當她拿來仔細地欣賞時，卻吃驚地發現：「這，這不是我原來的那一個嗎？」

大多數人都像婦人一樣，總是認爲別人的最好，自己的總是不如人。但是，他們卻忽略了一件事，一切的開始其實都是最好的，如今的狀況有所改變，也是他們一手造成的。

沒有經過比較，我們永遠都認爲自己是最辛苦的一個。然而，當我們羨慕地看著別人時，又怎麼能料到，歡笑之前，他們其實曾經流淚過呢？

在生命的旅程中，我們都背負著不同的責任與使命，多年來背負著它經歷苦與樂。不管快樂還是悲傷，其實重量我們老早已經適應了，或者說這個重量，也是我們自己選擇的。

給自己一根釣竿討生活

與其給孩子們整簍「鮮活的魚」，不如給他們一根釣竿，讓他們學習自食其力的生存之道吧！

什麼才是生存下去的最好方法？成立喜憨兒之家的人們這麼說：「給他們食物，不如給他們一根釣魚竿。」

生活的意義不在於吃飽與否，而在於能否當個有用的人生活下去。那麼，要如何生活？

答案是擁有一技之長。

有一年，某個偏僻的鄉鎮遭逢天災，大水淹沒了整個村落，人們爲了活命紛紛逃離故鄉。

其中，有兩個兄弟也準備要逃離這個村落，離開之前，村裡的一位長者，送給了他們一根魚竿，和一簍鮮美碩大的活魚。

兄弟兩人經過一番協調分配後，哥哥選了整簍活魚，弟弟則選擇了魚竿，接著他們便分道揚鑣，各自謀生去了。

逃亡的過程中，哥哥自恃著有一簍鮮魚可以過活，便忘了認眞思考未來，更沒有想到魚終會有吃完的一天，於是，他就這麼「坐吃山空」，最後因爲沒有謀生能力，活活餓死在早已吃空的魚簍旁。

至於弟弟，則長途跋涉尋找自己的新生活，一路靠著釣魚維生，最後來到了一個漁村，開始過著捕魚爲生的日子。

幾年後，他的捕魚技術越來越純熟，不僅建造了一艘漁船，還蓋了自己的房子，最後在這個漁村裡，建立了一個幸福安樂的家庭。

人生的旅程不會永遠是平坦的康莊大道，也會有陡峭的山路和拖陷的泥沼，越是失意越要勉勵自己更加努力。

更重要的是，無論如何都要具備一技之長。

當我們看見故事中兄弟倆不同的選擇和截然不同的下場之後，是否更懂得生存的方法了呢？

不要期望坐享其成，就算繼承的遺產再多，如果不繼續努力，終有一天會坐吃山空；與其給孩子們整簍「鮮活的魚」，不如給他們一根釣竿，讓他們學習自食其力的生存之道吧！

只要懂得如何生存，只要身懷一技之長，縱使景氣再差，運氣再壞，也總會有發揮所長的一天。

用柔軟的心態面對意外

用智慧來處理突發狀況，從讓人懊惱的事情中找出樂趣；只要花點巧思，生活不僅會活潑許多，更能啟發無限的想像力。

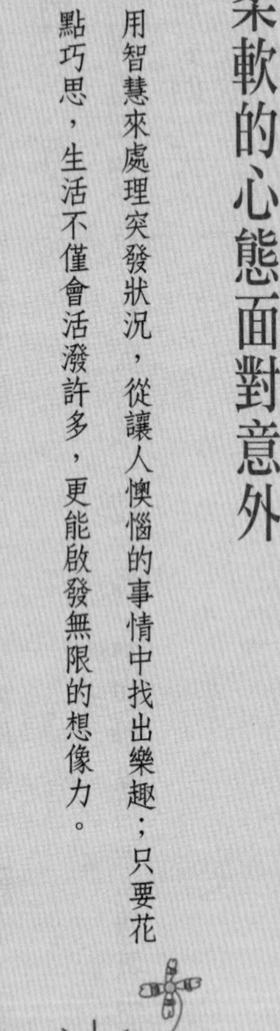

不必為生活制定那麼多規則，也不要把日子框限得那麼狹窄，靈活運用我們的想像和應變能力，讓生活變得更有趣。

即使出現突如其來的意外，只要肯動動腦，我們不僅能化險為夷，說不定還可將它轉變為生活的新樂趣呢！

小喬正拿著一個大蛋捲冰淇淋，開心地邊走邊吃。忽然一個不小心，甜筒上的冰淇淋滑了下去，馬上在熱烘烘的水泥地上化成了一灘水。

小喬看著地上就快融光的冰淇淋，一時間呆住了，甚至連哭也忘了，只睜大眼睛，盯著地上的冰淇淋。

這時有個老太太走了過來，微笑著對小喬說：「小朋友，冰淇淋都融化囉！來，我現在脫下鞋子，教你一件有趣的事！」

小喬看著老太太，滿臉疑惑的神情。

老太太笑著說：「我教你，你試著用腳踩冰淇淋，只要你用力踩下去，冰淇淋就會從你的腳趾縫冒出來喔！」

小喬懷疑地看著老太太，不過好奇心仍然驅使他脫下了鞋子，朝著冰淇淋踩去；然而，一轉念，他又有其他的擔心。

老太太發現了小喬臉上的猶豫，便安慰他說：「別擔心，你的腳不會受傷的，而且我敢打賭，這裡沒有一個小朋友試過『踩冰淇淋』的滋味，你將是第一個嘗試的！」

受到老太太鼓舞，小喬用力踩在冰淇淋上，柔軟而冰涼的感覺一下子從腳底板遞送上心頭，小喬幾乎忘了冰淇淋是用來吃的，反而好像是應該用來玩的！

老太太笑著說：「小朋友，快回去告訴媽媽這個有趣的經驗吧！」

就在小喬光著腳丫奔跑回去時，老太太又在他的身後呼喊：「小朋友，你一定要記住，不管遇到什麼事情，都可以從中找到新的樂趣。」

常聽老人家說：「我吃的鹽比你吃的米還多！」因爲他們走過的人生路比我們長，經歷過的事情也比我們多。

故事裡的老太太懂得用人生累積出來的智慧來處理突發狀況，從讓人懊惱的事情中找出樂趣；想一想，如果換作是你，是否也會如老太太一樣，另類的安慰孩子「用腳來吃冰淇淋」呢？

老太太的智慧是要告訴我們，不論是溝通還是教育，只要花點巧思，生活不僅會活潑許多，更能爲孩子們啓發無限的想像力。

9.

找出興趣
便找到了未來

只要我們知道要怎麼開始邁向成功，知道自己真正的需要，如此我們才能在決定下一步路時，不再選錯了開啟未來人生的鑰匙。

別因為掌聲迷失自己的人生

成功只存在一瞬間，再熱烈的掌聲也會停歇，回到自己獨處的空間時，不妨多想一想，到底我們應該爭取的是什麼。

鼓掌聲再熱烈也有時限，等人們拍痛了手，自然會停下來，並不會因爲你的表現非常精采，就讓掌聲無止盡地響下去。

順著這個道理思索，它讓我們明白一件事，成功就像煙火，雖然相當燦爛美麗，但最多也只存在片刻之間，縱然有再多讚美驚嘆聲響起，最終也一樣會恢復黑暗的夜空，一切趨於平靜。

這時，情緒興奮的你我，也要知道讓心及早平靜下來，把剛剛璀璨的煙火與

熱烈掌聲淡忘，才不至讓自己迷失其中，步上人生歧路。

威廉．伍丁是美國汽車鑄造公司的總經理，原本高傲自滿的他，因爲一次意外事件，氣焰不再猛烈燃燒。

威廉一直認爲自己是個偉大演說家，因爲他曾當過國會議員，而且一直以來他的演說表演，總是能得到全體聽衆如雷的掌聲。直到有一天晚上，他對著一群煤礦工人演講後，才知道人們給予的「掌聲」有可能是假的！

那天，廳內一樣擠滿了人，看起來大家似乎都極想聆聽他的演講，但台下的工人之中有許多外籍人士，還有許多不識字的文盲。這點，威廉．伍丁完全不知道，上台後一樣沉醉在自己的演講中，其間，台下聽衆的掌聲也不時響起。

直到最後，掌聲愈來愈響，讓他認爲這次演講十分成功！

最後，那熱烈的掌聲還達到瘋狂的地步，因爲喝彩聲竟長達十五分鐘之久。

威廉．伍丁看到這個情況，不禁笑容滿面，回到自己的位子時，立即開心地對身邊的一名記者說：「他們似乎很喜歡我的演講。」

「是嗎？難道你不曉得這麼大群聽衆之中只有三四個人懂講英文嗎？」記者無情地潑了威廉．伍丁一盆冷水。

「這怎麼可能？他們掌聲是那樣的響亮，那樣的熱情！」威廉．伍丁說。

「你沒注意到嗎？在他們之中，有個人不是都會在台下做小動作，那是他示意大家拍手的動作啊！」記者說。

威廉．伍丁聽了，便在接下來的演講時仔細觀察，眞讓他發現有此情況。

回想此事，威廉．伍丁說：「其實，就連那個聽得懂英文的人也老抓錯拍，常常在不該拍手時叫人拍手。唉，我這才知道，我只顧著注意自己的口才和演講，卻老是忽略了聽衆，忽略了他們眞正的需要啊！」

過慣了充滿掌聲生活的人，往往只懂享受掌聲歡呼，卻越來越不知道自己爭取掌聲的目的，甚至也不知道自己爲什麼能得到這些掌聲，好像威廉．伍丁一樣。

開心地享受掌聲的同時，他似乎越來越不知道自己演講的目的，也問自己是否只想贏得更多的掌聲？

威廉．伍丁最終省悟到，他該做的不是期待人們的掌聲回應，而是要知道自己到底想與人們分享什麼，更應該知道演講對象的需要，如此才能讓每一場演說都得到完美的結果，再次響亮拍起的掌聲也才是真正屬於自己的。

成功只存在一瞬間，再熱烈的掌聲也會停歇，回到自己獨處的空間時，不妨多想一想，到底我們應該爭取的是什麼，只是那華而不實的叫好掌聲，還是更多對自我價值的肯定？

找出興趣便找到了未來

只要我們知道要怎麼開始邁向成功，知道自己真正的需要，就能在決定下一步路時，不再選錯了開啟未來人生的鑰匙。

許多人都強調興趣不能當飯吃，但是，我們卻經常從許多成功人物身上，看見了興趣爲他們帶來了成功的結果，不是嗎？

不要把興趣視爲不切實際，多數人無法把興趣當作生活志業，問題並非出在興趣本身，而是出在執行者身上，因爲不能堅持，或是不能認眞踏實，才導致怎麼走都無法走向成功。

麥迪遜中學在某年的入學試題中，出了一道有趣的題目：「比爾．蓋茲的辦公桌有五個上了鎖的抽屜，這五個抽屜分別貼了財富、興趣、幸福、榮譽、成功五個標籤，他只挑了其中一把鑰匙帶在身邊，其他的則全鎖在抽屜裡。請問，比爾．蓋茲身上帶的是哪一把鑰匙？其他四把又是鎖在哪一個抽屜裡？」

有個學生看了題目後，完全理不出頭緒，看了老半天，始終解不出這道題目，更不知道自己到底是要把它當成語文題目來思考，還是以數學邏輯來思考解題。最後，他只得讓這題空白，把考卷交了出去。

考試結束後，他立即跑去找一位老師，請教這道題目的解答。

老師聽了，笑著對他說：「那不是數學問題，也不是語文題目，是要測試你們的智能，它沒有標準答案，書本中當然也找不到答案，你們只需根據自己所理解的回答，老師們則有權根據他們的判斷給分。」

學生明白地點了點頭，不過結果讓他有些驚訝，因爲他這題沒回答，但老師卻在這九分題上給了他五分！

「雖然他一個字也沒寫，但是他很誠實，光憑這點，我認爲便値五分。」給分的老師說。

雖然答案很明白，但這個學生卻還是不了解箇中原因，因爲他的一位同學寫了很完整的答案，認爲比爾．蓋茲把其他鑰匙鎖在財富的抽屜裡，身上帶著的正是財富之鑰，但老師卻只給一分！

「這個答案不錯啊！爲什麼只得到一分呢？」

這位同學百思不得其解，直到他找到比爾．蓋茲回給老師的解答。出題老師也將這個題目傳給了比爾．蓋茲，他的回覆內容是：「在你最感興趣的事物上，隱藏著你的人生秘密。」

因爲誠實，所以老師給了一半以上的分數，相較於選擇「財富」卻僅得一分的結果，相信聰明的你不難明白其中道理。人生最應該追求的不是財富慾望，而

是自己到底想要什麼。

「知道興趣所在，我們才會知道自己要走什麼路，知道路的方向了，那麼財富、幸福和成功便會自然發生。接下來，只要我們為了達成目標，自然會有榮譽心，也自然能多一點堅持，堅持走到最終目標！」這正是這個故事最終要告訴我們的道理。

只要我們知道最熱愛的是什麼，那麼我們至少不會再有茫然不知所措的情況，生活也能因爲這個明確的目標，讓人變得活力自信且積極振作。

不管做什麼事，從事什麼行業，倘若不以自己的興趣爲出發點，都是經不起時間考驗的。

只有衡量自己的志趣，選定了希望的目標，調亮生活態度，生命的主宰權才會牢牢掌握在你手上。

生活也許不能盡如人意，或許也無法步步順暢，但無論如何，至少我們要誠實的面對自己，知道自己哪裡不足，知道自己眞正的需要，如此我們才能在決定下一步路時，不再選錯了開啓未來人生的鑰匙。

尊重別人等於尊重自己

沒有人能站在高處看人，站在高處仰望天，不是要分出個人價值的高下，而是要望見生命的寬廣，懂得世界之大與人外有人之道。

俄國作家托爾斯泰曾經在著作《童年．少年．青年》中寫道：「生活在世界上的，不僅僅是我們自己，並不是一切都以我們為中心。這個世界上還有其他人生活著，你必須懂得尊重他人。」

如果我們對別人連基本的尊重都做不到，又如何能期待別人對自己尊重？當別人受到我們的欺負與冷落時，別太期待別人寬容相待，畢竟人心是很直接的，面對人們的冷漠無情，極少有人會熱臉因應。

如果你想得到人們的尊重與重視，別忘了自己待人接物的態度，如果期待時時看見人們的笑臉，可別忘了自己先露出微笑！

有位四十多歲的中年女人帶著一個小男孩來到美國著名企業「巨象集團」總部的庭園內，然後選了一張長椅坐了下來。

這女人看起來心情很差，因爲她不一會兒便怒氣沖沖地對著男孩說話，這時庭園內有個老先生正在修剪樹木。

忽然，女人從隨身包裡拿出了一團衛生紙，接著便順手用將它拋到老先生剛剪過的樹下。老先生詫異地轉過頭朝看了女人一眼，但那女人看起來並不在乎，老先生只能搖了搖頭，走過去將那團紙撿起扔進椅子邊的垃圾筒裡。

不一會兒，女人又丟出一團衛生紙，老先生看了還是什麼話也沒說，依然默默地撿起垃圾，然後繼續去工作。可是，就在老先生正準備拿起剪刀時，第三團衛生紙又落到了他的眼前……

女人指著老先生，對著兒子說：「你看見了吧，我希望你要明白，如果你現在不好好上學，將來就跟他一樣沒出息，只能做這些卑微低賤的工作！」

這一回老先生決定不再沉默，放下剪刀來到女人身邊，說道：「夫人，這裡是私人花園，按規定只有集團的員工才能進來。」

「我知道啊！我可是『巨象集團』所屬的一家公司的部門經理，我就在這座大廈裡工作啊！」女人高聲地說著，同時還掏出證件給老先生看。

老先生嘆了口氣說：「我能借妳的手機嗎？」

女人極不情願地拿出手機給他，同時又給兒子一個機會教育：「你啊，看清楚了，他年紀都這麼大了，卻連手機也買不起，你以後一定要努力，才不會和他一樣貧窮可憐哪！」

老先生打完電話後，不久有個男子匆匆走來，恭恭敬敬站到老先生面前。老先生對著他說：「我提議免去這位女士在『巨象集團』的職務！」

「是，我立刻去辦！」那個男子說。

老先生說完後，對著男孩說：「孩子，我希望你明白一件事，世界上最重要

的事，不是有錢，而是學會尊重每一個人！」

說完，老先生便離開了，至於那位中年女人則被眼前的事情嚇呆了。她認識那個男子，他可是巨象集團的人事經理。

女人結結巴巴地說：「你……你，他……」

「他？他是總裁詹姆斯先生啊！」經理說。

「他是總裁？」女人一聽，旋即癱坐在長椅上。

「尊重別人就是尊重自己！」這是詹姆斯先生在故事中留下的簡單旨意。

看著故事中的女經理，我們似乎也看見了生活中常見的教育情況，許多父母不也習於用這樣的方式教育孩子，讓孩子建立錯誤的價值觀念？

在這個普遍以「財富多寡」爲主要價值的社會環境中，越來越多人的選擇出現偏差，使得自己的人生路不只越走越偏，身邊的貴人也越來越遠離，生活因此越陷入危機之中。

沒有人能站在高處看人，站在高處仰望天，不是要分出個人價値的高下，而是要望見生命的寬廣，懂得世界之大與人外有人之道。只要我們能領悟這個道理，懂得謙虛待人，知道對人尊重，教育孩子養成寬大且謙卑的生活態度，那麼無論你我或孩子們，最終不難得一個成功富足的未來。

其實，無論老先生是不是大集團的總裁，即便他只是個小小的老園丁，我們一樣要謙虛對待，因爲尊重別人等於尊重自己。

放下金錢，才能大步向前

人生除了金錢以外，每個人都應當還有更重要的追尋目標才是，一味地將金錢視為追求目標，不只容易迷失自己，也很容易遭遇失敗。

現實生活中，我們總認爲金錢就是一切，也經常認爲唯有錢才能代表一個人的價值，但事實上眞是如此嗎？

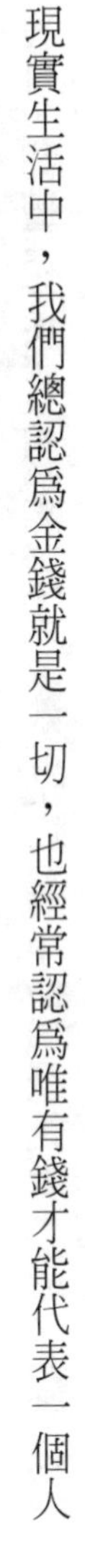

沒錢的時候，我們總是以爲金錢可以替代一切，等到有錢了，我們才赫然發現金錢並非萬能。

在你我身邊總有再多金錢也買不到的東西，也總有再多數字也估算不到價值的東西，比方說親情、健康和生命。

法國將軍狄龍曾在他的回憶錄中提及這麼一件事。

第一次世界大戰期間，他們曾歷經了一場險惡的戰役，當時狄龍帶領著第八十步兵團，正準備進攻某座城堡。

這時，卻遭遇了極其頑強的敵人，敵方士兵拼了命地抵抗著，讓步兵團根本無法繼續前進。

著急的狄龍將軍忽然想到了一個激勵士氣的方法，只見他大聲對士兵們說：「只要有人能設法炸毀這座城堡，就能得一千法郎的獎勵。」

狄龍將軍丟出了誘惑，原以爲士兵們會因此拼了命地達成目標，沒想到，卻不見任何士兵向前衝。

狄龍將軍這會兒可生氣了，耐不住性子，開始大聲罵他們是飯桶，是群懦弱的傢伙：「你們眞污辱了法蘭西的軍威。」

這時，有位軍官大聲地對狄龍將軍說：「將軍，如果您不提賞金，那麼士兵

們一定會往前衝。」

軍官的話給了狄龍當頭棒喝，立即得到啓發，於是改口說：「士兵們，爲了法蘭西，向前衝吧！」

命令一發，步兵團立即朝著城堡奔去，但敵方的子彈也同時從四面八方射來，最後全團一千一百九十四名士兵，只剩九十個人生還。

愛國心果然是激勵士兵最有效的催化劑，這個故事也讓我們明白了「金錢不能買得一切」的老話。

的確，有些東西不是錢能取代的，好像故事中士兵的性命，也許城堡攻得下，但相對的犧牲也一定會發生，對士兵們來說，以金錢交換生命，當然怎麼算都不划算了。

反之，爲了國家，無論怎麼犧牲都值得！

對於一個軍人來說，以金錢驅使他們應戰無疑是個恥辱，所以軍官提醒狄龍將軍別說賞金，因爲軍人的自尊比生命還重要。面對生死關頭，金錢早不再是他們上戰場的重點，在這個生命隨時可能消失的時候，他們早拋開了私慾私利，只想著家國，以利益交換只會讓他們退縮，呼籲他們爲國奮戰，反而能得見他們往前衝的動力。

人生除了金錢以外，每個人都應當還有更重要的追尋目標，一味地將金錢視爲追求的生人目標，不只容易迷失自己，也很容易遭遇失敗，甚至失去生活中原本該珍惜的一切。

愛因斯坦曾說：「一個人只有以他全部的力量和精力致力於某一事業時，才能成為一個真正的大師。」

人世間固然充滿各種誘惑，但活在這個世界上，每個人都應該努力做有價值的人，坦然面對自己，然後征服自己，戰勝自己。

放下對金錢的執念，人生才能大步向前。

何妨將人生目標換個主題，不要再只求一個「錢」字，說不定從下一刻起，我們都將感受到前所未有的前進動力，和實踐達成的自信決心！

懂得分享愛，自然能擁有愛

人和人之間的情感原本就是互相交換而得，我們怎麼對待人，人們自然怎麼對待我們，想多得人們的關心，當然也得多付出關心。

絕大多數的人都習慣等待別人付出關愛，對於自己應該付出的，卻常常錙銖計較。

仔細想想，如果我們連些許的付出都捨不得了，又如何能期待、要求別人對我們付出呢？

懂得分享愛，自然能擁有愛，不是因爲對方一定會有所回饋，而是我們的愛和別人分享之後，會很自然地將相同的愛回照在你我的身上。

佛祖靜靜地看著地獄之井的景象，那裡有無數生前作惡多端的人，正滿臉痛苦地接受地獄之火的煎熬。

有一個生前惡貫滿盈的強盜發現慈悲的佛祖，馬上向佛祖祈求：「佛祖啊，我已經知道錯了，求求您救救我！」

佛祖點了點頭，因爲這個人生前雖是無惡不作的大盜，但至少曾做了一件小善事。有一天他走在路上，差點踩到了一隻小蜘蛛，忽然善念一動，憐憫心油然生起，連忙移開腳步，並引導牠到草叢中，以免被其他人踩到了。

這樣的小善與他曾犯的大惡相較，根本功不抵過，但佛祖卻認爲他尚有一絲善心，於是決定讓那隻小蜘蛛幫助他脫離苦海。

佛祖從井口垂下了一根蜘蛛絲，強盜開心極了，立即抓住那根救命絲線，拼了命地往上爬。但是，就在他往上爬的同時，井中其他飽受煎熬的人發現了這個機會，全都擁了過來，拼命搶那根蜘蛛絲。

「你們全滾開！快回去，這蜘蛛絲是佛祖賜給我的，你們誰也不能上來。」大盜大聲罵道，但其他人怎麼也不肯鬆開雙手。

抓住絲線的人越來越多，大盜害怕蜘蛛絲太細，無法承受這麼多人的重量，毀了他想脫離苦海的唯一希望，因此拿出刀子，將自己身上的蜘蛛絲砍斷。

「啊！」大盜大叫了一聲，因為就在他砍斷絲線時，原本被他抓在手中的絲線也同時消失了，大盜和其他人轉眼又跌回了那個萬劫不復的地獄。

佛祖嘆了口氣說：「這蜘蛛絲並不會斷，甚至還能救很多很多的人。」

看著大盜連最後的一點憐憫之心都喪失，佛祖當然也放棄了對他的憐憫之念啊！惻隱之心人皆有之，只要不讓私心過分張揚，就算是婦人之仁，也一樣是個值得讚揚的善心。只要能軟化這個社會的暴戾氣息，能溫暖這個環境的現實無情，心存一點婦人之仁又未嘗不可。

所謂的「一念之仁」，決定權在你我的手中，多轉一念便多一點包容與慈愛，那麼在你我身邊自然也能看見人們的慈愛關懷。反之，若和大盜一樣，只知道私心獨佔，那麼接下來要面臨的，自然是別人的自私對待。

這個原理其實並不難理解，人和人之間的情感原本就是互相交換而得，我們怎麼對待人，人們自然怎麼對待我們，想多得人們的關心，當然也得多付出關心。人本來就是互相幫助而群聚一塊兒的，如果連最基本的伸手幫忙都不肯，又如何期待自己跌倒時得到人們的伸手幫忙呢？

所謂「施比受有福」，不是因爲能得到相同的回饋，而是因爲在付出的同時，我們也將得到付出的快樂和滿足啊！

得到支持，就擁有努力的力氣

不要輕言放棄，特別是對人，只要我們不吝於給予支持力量，定能看見一個又一個屢創傳奇的不凡人物。

《嘉麗妹妹》的作者德萊塞曾經在著作中如此寫道：「人生就是這樣在最高的希望中煩惱著，痛苦著。遙遠的世界永遠是達不到的地方，無限的寄望伴隨著無限的痛苦。」

德萊塞認爲，人生就是爲了實現願望而忍受痛苦的過程，在茫茫大海中航行，每個人都需要別人的鼓勵與支持。

我們常說要相信自己，因爲力量源自於自己身上，然而想讓人生發光發熱，只是單靠一個人的力量就可以了嗎？

當然不是的，我們也很需要他人的肯定，這個力量雖然來自別人的身上，卻不可小覷。我們除了要爲自己爭取更多的他人力量外，可別忘了，自己也要不吝於給對方一些「支持」！

有個小男孩在學成績極差，教育過他的老師都認爲他的智力有問題。這個天生沉默寡言的男孩，因爲人們的否定，變得更加封閉自己，常常獨自一個人坐在花園裡觀看花草小蟲，一待就是大半天的時間。

因爲與人互動越來越少，他越來越不知道要怎麼面對人群，連帶與家人的互動也變得越來越差，讓他的父親和姐姐對他產生了排斥與厭惡感。

父親便經常訓斥他：「你除了打獵、養狗、捉老鼠以外，你還會什麼？什麼都不去學，將來不只會給自己帶來恥辱，還會有辱我們。」

他的姐姐因爲看不起這個成績平平、行爲怪異的弟弟，對他的態度也十分冷

淡，鮮少跟他說話。

不過，並不是所有人都這麼缺乏耐心與愛心，他的母親就十分疼愛他。她很明白這個孩子的個性與需要，知道兒子若失去了那些生活樂趣，他的生活也許會十分辛苦且不見色彩。

所以，她常對丈夫勸說：「你不要再苛責他了，那對他很不公平，就讓他慢慢地學習改變吧！」

聽見妻子這麼說，丈夫常嘆了口氣說：「妳這樣的教育會毀了他一生！」男孩的母親每次聽到這兒，總是微笑以對，不再爭執，然後轉身繼續給她親愛的孩子安慰和鼓勵。

這天，她為了喚起男孩的自信，要姐弟倆到花園中：「今天，你們來做個比賽如何？看看誰能先從花瓣的模樣，認出那是什麼花！」

比賽開始，小男孩總是第一個出聲說「我知道」，答案都是正確無誤的，母親這時會給他一個親吻表示獎勵。小男孩這天玩得十分開心，因為他答出了姐姐無法回答的每一個問題。

從此，他更加積極研究花園的一切，無論是花草植物，還是蝴蝶昆蟲，甚至連蝴蝶翅膀上的斑點數也無不通曉。

對此，丈夫對她的做法仍然無法認同，對他來說，老婆太寵愛孩子了，如此放任對男孩一點助益也沒有。當然，到底有沒有助益，很難在一時間說分明！

這個醉心於花草昆蟲之間，總是「讓人失望」的孩子，多年之後，爲自己成就了非凡的人生地位。

這個人不是別人，正是寫下著名「進化論」的生物學家達爾文。

爲什麼每個孩子都被父母稱之爲「寶貝」，原因很簡單，因爲每個生命都是無價的，所以達爾文的母親珍惜她的寶貝，堅持不放棄！

其實，每個孩子都有與衆不同的地方，正因爲他們有著各自獨立的特質，因而影響著他們的學習能力與表現能力，這時我們便要懂得因材施教的技巧，更要秉持著有教無類的態度與耐心。

我們常說不要放棄自己，是因爲這個世界上，沒有人應該被放棄。孩子也許學習能力有些遲鈍，但不代表他們不能學會，只要我們肯多一點耐心教導，肯多用心引導，他們終能走到一定的目標成果。

事實上，只要我們不放棄，他們自然不會放棄的，這點同樣適用於正處在困境之中的人。只要我們不嘲笑否定他們，多給他們一些鼓勵和支持，相信他們最終定能走出眼前難關，就像達爾文的母親在故事中和我們分享的：「不要輕言放棄，特別是對人，只要我們不吝於給予支持力量，定能看見一個又一個屢創傳奇的不凡人物。」

過度忙碌，會使靈魂沒有歸宿

不管外在環境如何變化，未知的未來旅程還是得靠自己走下去。如果靈魂沒跟上腳步，那麼不妨好好休息一下，自然能再見元氣的生活。

注視著大街上那些來來往往的人群，從他們昏沉且缺乏朝氣的臉上，不難發現他們的靈魂早已離開身體了！

當生活只剩下制式的作息模式，只剩下重複反覆的動作時，日子一天天地過，你的內心是越來越見充實，還是全是空虛茫然的感覺？

有人說，人生就是工作與休息不斷循環的歷程，只有合理地分配工作與休息時間，才能從迷惑中找到全新出路。

如果你在事業、工作或生活上遇到瓶頸，被迎面而來的壓力壓得喘不過氣，那麼你更必須冷靜地檢視自己的過去，想想到底哪裡出了問題。

有一位探險家來到南美叢林中探險，爲了尋找古印加帝國文明的遺址，特地請了幾位當地原住民當嚮導與挑夫。人選挑好之後，一行人便浩浩蕩蕩地朝著叢林的深處前進。

雖然探險家深知這是場體力與耐力的考驗，但腳程始終比不上原住民，看著他們背負著笨重行李，卻仍然能健步如飛，探險家不禁感到十分慚愧。

隊伍行進過程中，大夥不時聽見探險家喊著：「休息一下吧！」這時，當地嚮導便會指示工作人員停下來等他。

不過，探險家並未因此放鬆下來，雖然自知體力比不上原住民，但他還是希望能早一點到達目的地，所以不斷地告訴自己：「忍一忍就過了！」

到了第四天，探險家一早醒來，像往常一樣催促著大家快點打點行李，準備上路時，不料原住民卻向嚮導表示，他們不想繼續前進。

嚮導把原住民的意思翻譯給探險家聽，探險家相當惱火，大聲質問：「怎能在這個時候說不呢！」

嚮導說：「他們說這裡有一個習俗，那便是在趕路時，他們會拼了命地往前衝，不過每走三天，便得休息一天，這規矩原則絕不能破壞。」

「這是什麼樣的習俗啊？」探險家聽了，雖然依然不解，但知道是原住民的習俗後，也不再堅持，反而好奇地請嚮導問明其中原因。

「如此，我們的靈魂才能再次跟上我們的腳步！」原住民如是回答。

探險家聽著嚮導的解釋，頻頻點頭。接著，他低下了頭，沉思了許久，然後抬起頭，滿臉笑容地說：「好，我們一塊兒等待自己的靈魂跟上吧！」

深居叢林之中，時時都與大自然爲伍的原住民，懂得工作之餘必須「等待靈魂」，想必讓居住於文明環境之中的你我，從中得到極大的啓發吧！

忙碌工作的時候，我們不妨想一想，如此盲目地忙碌著，是否還看得見自己，又是否聽得見自己靈魂的聲音？

何不也問一問自己：「我的靈魂跟上了嗎？」如果發現生活不過是一場盲目的忙碌，不妨停下腳步仔細想想，到底是自己選錯了路，還是用錯了態度和方法撰寫自己的生活？

不管外在環境如何變化，未知的未來旅程還是得靠自己走下去。如果靈魂沒跟上腳步，那麼不妨好好休息一下，耐心等一等，等待活力朝氣歸位，也等待靈魂精神與形體合一，接下來我們才能再過著充滿元氣的生活。

充分休息，工作更有效率

別把生命時間壓縮了，可以走更長遠的路，我們就不該放棄走下去，所以別再把休息視為浪費時間的事。

「休息一下，喝了再上！」這是某個提神飲料的廣告詞。在這個耳熟能詳的台詞中，多數人只顧著飲料的功能，只想著喝完之後補足元氣精神，卻忽略了設計者的用心。

是的，這一行字的重點不是在「喝了再上」，而是在「休息」兩字。其實，每個人工作時體力消耗在所難免，但聰明的人都知道，喝再多的機能飲料，總還是不如好好休息一下來得有效！

有人說約翰．洛克菲勒之所以能成功，其中一項原因是懂得「休息」的重要。據說，他每天中午都睡半小時，在這個休息時間內誰都不能打擾，即使是美國總統打來的電話他也不接。

在「休息」這件事上，丹尼爾．何西林也提出這麼一個論點：「休息並不是什麼事都不做，因為休息是在做修補的工作。」也許時間很短，但休息片刻絕對有著極強的修補能力，因爲那有助於減少身體的疲憊感。

這點，佛德瑞克．泰勒在鋼鐵公司擔任管理工程師時，便曾仔細觀察過。他發現，每個工人差不多一天只能搬運約十二噸半的鐵，但據他研究，工人們一天應該有搬運四十七噸鐵的能力。

「事實上，他們在中午時就已經筋疲力盡了，不過卻沒有休息，而是繼續工作。」泰勒在研究上這麼寫著。

依他的計算，工人們的能力不止如此，他們甚至可以達到目前成績的四倍，而且不會疲勞。

泰勒爲了證實這個理論，請了一位工人配合進行實驗，他讓他按照規定時間來工作，只見泰勒拿著碼錶指揮工人說：「現在請拿起一塊生鐵，走……現在坐下休息……現在開始走……現在休息。」

就這樣，他們來來回回實驗了好幾次，果眞得出了「四倍效率」的結果！

當別人最多只能裝運十二噸半的鐵時，這個工人每天都能裝運到四十噸生鐵。因爲在身體出現疲憊前，如果得到充分的休息，工人們再開始工作時，便能立即回復到最佳的工作狀態，進而達到加倍的工作效率。

「雖然，他們的休息時間變多了，但別忘了，他們的工作效率更加倍成長！」當主管對泰勒提出工人們休息時間過多的質疑時，泰勒如此回答。

性能再好的車子也需要休息，才能讓馬達能冷卻下來，避免過熱損壞。機器

尙且需要時間休息，更何況是人？世上沒有眞正的「鐵人」，更別提「超人」，即使眞有超人，相信也一樣要有白天黑夜的休息時間。

就像愛迪生曾表示，他之所以能有無盡的體力和耐力，重點在於他想休息時就會休息，不會勉強自己蠻幹下去。

那麼連休息時間都捨不得的人，仔細想想，眼前的工作效率眞有比過去好嗎？不眠不休地工作，眞的讓人收穫更多嗎？

別忘了，人的能力是有限的，人的身體也極需被保護的，過度操勞與運作自己的身心，絕對壞處多於好處，就像那些日夜趕工的人，最終多少人不是在病榻上度過？

別把生命時間壓縮了，可以走更長遠的路，我們就不該放棄走下去，所以別再把休息視爲浪費時間的事。想讓工作效率提高，就別讓自己在頭痛昏沉的狀態中工作，去小歇片刻，或好好地休息幾天，不只有益身心，再度回到工作崗位時，相信會讓自己感受到更勝以往的工作效率和活力。

10.

一味追求物質
無法使心靈滿足

以物質滿足為要的人，容易迷失自己，也容易走向失敗之路；反之，不易受物質誘惑且懂得充實心靈的人，能腳步沉穩地走向成功。

就算不滿意，也不必否定自己

天才與蠢才之別不在智慧高低，而是在他們面對生活的態度。只要是認真生活著的人，價值都是無價的。

習慣把問題由簡單想得複雜的人，不代表他們聰明有天分，我們不難發現，事事都想個周到透徹的人，多半是愚笨多慮、行事經常本末倒置的人。

別把自己遭遇的問題想得太複雜，知道自己應該做什麼、想做什麼才是最重要的。即便表現不能盡如人意，即使成績不能讓人滿意，但只要我們不再胡思亂想增添煩惱，帶著聰明而簡單的心微笑看待一切，總能走到成功的彼端。

二次世界大戰期間，有個女孩在戰地失去依靠，最後選擇跟著軍隊四處流浪，沒有人知道她從哪裡來，也沒有人知道她的身分。後來，她憑著一口流利的英語和法語，因緣際會進入英國特務組織中，暫得安身之所。

但是，當她正式加入特務組織後，伙伴們卻發現她極不適合這份工作，原因便出在急躁的個性。再後來，有同事認爲不妨讓她試試間諜訓練，但接下來幾乎所有的訓練過程都發生了讓人驚心膽跳的意外。

有一次，長官交給她一份敵國的駐軍圖，要她送給臥底人員。她來到了碰面地點後，卻怎麼也想不起暗號，沒想到竟在情急之下，索性把地圖攤開，對著來來往往的路人試探：「你對這張地圖有興趣嗎？」

所幸，那兩位臥底人員很快發現了她，立即扮作精神病人上前招呼，才化解了這個幾乎致命的錯誤。

她的想法眞是「與衆不同」，比如，她認爲越是繁華的地方越是安全，於是自作主張，將秘密電台搬到了巴黎的鬧區，渾然不知蓋世太保的總部就在秘密電台的對街。

有一天，敵人找到了這個膽大妄爲女間諜！

英國特務組織接到消息後十分緊張，因爲他們相當擔心這個天眞的女孩會受不了刑求折磨，毫無保留地說出一切。

但讓人出乎意料的是，蓋世太保用盡種種刑罰，都無法從她嘴裡聽到任何消息。這個結果，也讓她在戰爭結束後，得到英國政府追授的勳章。

當大家質疑這樣不稱職的間諜竟能獲得政府的最高獎賞時，女孩的上司說：「是的，她的確不夠聰明，但她很認眞也很執著。她很笨，笨到組織要求的原則和信念她都牢牢堅守著，但這不正是間諜工作最重要的精神？所以，我們要說，她確實是一位非常優秀的間諜。」

這個女孩其實不是普通人物，她的名字叫努爾，戰爭未發生前，曾是印度某王族的千金小姐。

不管女孩曾經有過什麼身分地位，也不管她的天分如何，當同伴們爲她聰明不足，愚笨有餘的作爲感到苦惱時，我們卻看見了她執著的可愛處，也看見了她不畏困難的勇氣，然而，這些表現卻直到她的生命犧牲時才被大家理解。

世上沒有眞正的天才，所以才會有互補互助的拍檔，好像每個團隊中總會有些人聰明機智卻不夠努力，有些人則是聰明不足但執著努力，如果能將之組合在一起，兩個人也能相互支援，相信不難得一個讓人驚奇的成功之作。

天才與蠢才之別不在智慧高低，而是在他們面對生活的態度。只要是認眞生活著的人，價值都是無價的。不要輕易否定任何人，世上沒有眞正愚笨的人，好像喜憨兒一樣，誰說他們的表現就不如人，只要我們願意給他們時間和機會，他們定能和你我一樣爲自己創造一片天。

看待自己也是如此，就算我們對自己過去的表現並不滿意，也不必輕易地否定自己，不是嗎？

用愛心創造生活的奇蹟

想看見幸福，擁有富足人生，不必等待奇蹟，就讓心填滿「愛」，一樣能時刻享受著富裕的心靈生活。

在祈禱祝辭中，我們經常聽見這麼一句話：「用愛創造生命的奇蹟！」是的，只要心中充滿愛與包容，就沒有什麼事是不能達成的，即便世界遭遇不幸，或有人遭遇悲慘的命運，都能用愛來撫平。

在下面這個溫馨感人的故事，我要和大家分享的是：「只要生命或生活中看得見愛，所有的苦難便不再苦了，再悲慘的命運也一樣能因為受到愛的安撫，最後消失。」

小瑪莎的父親兩個月前去逝，留下小瑪莎和體弱多病的母親相依爲命。但是，就在耶誕節前夕，小瑪莎身上發生一件奇蹟，這天媽媽給了小瑪莎五塊美元，對她說：「孩子，妳去買份耶誕禮物送給自己吧！」

小瑪莎點了點頭，但她並沒有到禮品街去，而是拿著錢去找媽媽的主治醫生。

小瑪莎一看見奧克多醫生，便將五塊美元遞給他，請求道：「奧克多醫生，您能不能幫我母親做一次腰椎按摩？」

但奧克多醫生卻搖頭：「對不起，瑪莎，只有五塊錢是不夠的，按摩一次至少要五十塊！」

小瑪莎聽了十分失望，走出診所，朝著大街上走去。不久她看見街角圍了許多人，便好奇地擠進去一看，竟是大人們在街頭賭輪盤。

只見輪盤上依次刻著二十六個阿拉伯數字，每個數字還對應一個英文字母，規則是不管押多少錢，也不管押什麼數字，只要輪盤轉兩圈後，指針停在選擇的點上，就可以得到十倍的回報。

小瑪莎仔細看了遊戲規則，便將手中的五美元放在第十二格上，不一會兒輪盤開始旋轉，沒想到轉了兩圈之後，指針真的停在第十二格上，小瑪莎好開心，她手中的五美元轉眼變成了五十美元。

第二局開始，輪盤再次旋轉，小瑪莎這次則將五十美元全數放到第十五格上，這一次小瑪莎又贏了，當即她手中的五十美元變成了五百美元。

如此幸運的女孩立即吸引人們的目光，所有人紛紛專注地看著小瑪莎，連莊家也忍不住問：「孩子，妳還要玩嗎？」

小瑪莎呆呆地看著對方，並未回應。第三局開始，小瑪莎又專注地低頭看著輪盤，然後將五百美元放到第二十二格上。

這一次，她又贏了，而且現在她手中已擁有五千美元。這時，莊家用著有些顫抖的聲音問：「孩子，妳還要繼續嗎？」

小瑪莎依然沒有回應，只是十分認真地望著輪盤。第四局開始時，小瑪莎十分鎮定地把五千美元押到她選擇的第五格上，這時現場十分安靜，大家都有屏氣

凝神等著看她是贏還是輸。

「天哪！她又贏了！」不久現場響起一陣歡呼聲！

是的，小瑪莎又贏了，轉眼十倍又十倍的獎金，讓莊家臉都綠了，只見莊家哽著聲音問：「孩子，妳還玩嗎？」

小瑪莎看了看莊家，回答說：「我不要玩了，因爲這些錢已經夠了，我現在可以請奧克多醫生幫我媽媽做長期按摩了！」

小瑪莎走出人群，不少人微笑地看著她的身影，還有人計算著連續四次猜對的機率，至於莊家，則像個呆子似的凝望著自己的輪盤。但就在這個時候，莊家忽然喊道：「天哪，我知道我輸在哪裡了。你們看，這孩子是用『愛』和我賭博的哪！」

人們紛紛把目光投注在轉盤上，這才注意到，小瑪莎投注的四個英文字母，正是「L、O、V、E」！

十分動人的一則小故事，在此我們不討論奇蹟之事，因爲那是上天管理的範疇，討論再多也一樣由天決定，不過，小女孩的成功目標卻是你我都能達成的，那便是一個簡單的「孝心」！

從「LOVE」這個字裡，我們不難看見女孩一定要贏的渴望，還看見她要完成夢想的決心。女孩用這個看似投機的方式告訴我們，只要我們決心成功，那麼目標就一定能達成。

當然，這不適用於想「投機致富」的人身上。別忘了，當女孩說出「夠了」的時候便是告訴我們：「不以踏實心態努力，而以貪婪私慾為藉口求財的人，很難招財富裕。」

懂得知足的人擁有一千元和一千萬元時的心情都一樣，因爲他們眞正需要的不是錢財，而是心的滿足。只要身邊的人幸福健康，他們便已擁有了最富裕的一切，一如小瑪莎一樣。

想看見幸福，擁有富足人生，不必等待奇蹟，就讓心塡滿「愛」吧，那麼無論是否能得到一輩子的金錢財富，一樣能時刻享受著富裕的心靈生活。

一味追求物質，無法使心靈滿足

以物質滿足為要的人，容易迷失自己，也容易走向失敗之路；反之，不易受物質誘惑且懂得充實心靈的人，能腳步沉穩地走向成功。

把鏡子放在前面，仔細地看一看自己。認眞看著的時候，不知道你對自己有什麼樣的評價與想法？

聰明的你，不要再被虛無的名利所騙，一個人的價值從來都不需要依靠名利，更不需要藉由所謂的名牌或聲名來加持，只要我們能肯定自己，即便只穿著一件破褲、舊皮鞋，一樣能讓人看見我們的自信風采。

著名經濟學家大衛．李嘉圖幼年時期曾發生一段有趣的故事。

那年他才九歲，有一天父母帶著他到商店街購物，一家人十分開心地逛街，誰知他突然站在某家店的櫥窗前動也不動，看著一雙有皮毛裝飾的皮鞋，十分喜歡。

他看了幾秒，便跑到父母親身邊，吵著要父母親買下它，疼愛他的母親立刻答應，但是是父親卻不同意，回答說：「那雙鞋並不適合你穿！」

但是他不聽父親的勸說，執意要買，最後父親拗不過他的哭鬧，只好同意，不過對他說：「你買之後一定要穿，不可以又放進鞋櫃不穿！」

小李嘉圖點點頭，把那雙鞋子買回家之後，迫不急待地把新鞋拿出來試穿，此時，他才發現這雙買回家的皮鞋，走起路來會喀啦喀啦地響，不只很吵而且穿起來極不舒服。

他爲了滿足心中的虛榮，執意買下它，如今得爲這個不踏實的虛榮心態承受

後果。小李嘉圖終於知道父親不讓他買的原因了，但買都已經買了，也只能想法子爲自己的承諾解套，好擺脫這雙不便於行走的皮鞋。

「爸爸，不管您要我做什麼我都願意，只要您允許我別再穿這雙鞋了！」小李嘉圖向父親認輸，並表示願意付出一切代價來換取雙腳的自由。

父親笑著點點頭，再也不逼他穿那雙鞋了。

之後，聰穎的李嘉圖從中認眞地檢討，並領悟生活的道理。

不只如此，他還把那雙鞋掛在自己房間的牆上，時時提醒自己：「你不能再任性了，更不能再貪圖虛榮了，不然你肯定要吃盡苦頭。」

成功的人都少不了過人的領悟智慧，就像大衛．李嘉圖一般，當同齡的孩子任由父母以名牌包裝自己之時，有多少孩子會從中省思呢？

當然，關鍵是在他的父親，若不是父親開導啓發，也許大衛．李嘉圖還看不見自己的問題。從中檢討省思，當社會環境習慣以物質來取悅孩子的時候，是否也看見了孩子正不知不覺中被導向錯誤的價值觀！

錢要花在刀口上，東西買了就要物盡其用才不會浪費，畢竟生活中的一切都是有限的，但人的慾望卻是無盡的，如果應當克制時卻不能克制，只知一味地放縱，就會像大衛．李嘉圖體會的道理：「會吃盡苦頭！」

我們都知道，奢侈生活雖然快樂但存在短暫，反之，儉樸日子雖然辛苦，卻能長久踏實地走下去。

生活該怎麼選擇，端看每個人的智慧，只是選擇之前，不妨再回想我要和你分享的心得：「選擇以物質滿足為要的人，容易迷失自己，也容易走向失敗之路；反之，不易受物質誘惑且懂得充實心靈的人，不只能腳步沉穩地走向成功，更能過著快樂富足的每一天。」

太過依賴，只會葬送自己的未來

當生命出現難關，應該期待的不是神蹟出現，而是要積極鼓勵自己，為自己爭得生存的機會，由自己爭回生命自主的權利。

對於信仰，曾有人類學家爲此寫下了這麼一句結：「信仰使人擁有力量，信仰也使人失去力量。」

信仰會帶給人力量，這是大多數宗教學家認定的功能，心理學家們對此基本上也是抱持著肯定的態度。只是，當人們過度依賴信仰力量時，不可否認的，危機也將潛藏其中。

我們都知道，信仰求的是心靈的安慰，但不可過於依賴，因爲信仰的最終目的在於要人們相信生命的力量，進而肯定自己。

古老的澳洲曾經有過一支相當勇猛的原住民族，不分男女老幼，個個孔武有力。據說，他們能赤手空拳和獅虎搏鬥，然而殘暴兇猛的性情再加上天賦力量，卻帶給了其他族群的困擾，因為在他們不只勇於對抗自然萬物，更經常欺負其他的弱勢族群。

不過，根據史料記載，這支民族卻是澳洲所有少數民族中最先滅亡的，為何如此呢？

幾經調查，歷史學家推論，那與他們的信仰有關，因為一個奇特的信仰教義反成了他們的弱點。

據說，當時某支老是被他們欺負的民族暗中查探，終於發現他們有個奇怪的信仰，那便是「嚴禁洗澡」。

因為他們認為，人們身體的污垢是天神賜予的禮物，如果把它清掉了，那麼

神的力量便會從此消失，他們也會變得像兔子一樣軟弱，不再有反抗的力量，等著人任意宰割。

找到了這個殘暴民族的弱點，當地幾支弱小的民族便決定聯合起來攻擊敵人，終於耐心等到一個風雨交加的夜晚，將暴漲的河水引進他們居住的洞穴。

「水！大水……」

突如其來的河水湧入，一下子便淹沒了他們的洞穴，也打溼了他們全身，他們發出了驚惶的哀號聲。剎那間，他們似乎真的全都失去了力量，雖然一個一個走出了洞穴，但旋即一個又一個地癱倒在地。

當石刀一支又一支刺進他們的胸膛時，儘管鮮血四濺，但他們卻無人抵抗，原因當然是，他們完全相信身上的力量已經開始消失了，神力不再了，做任何抵抗都沒用了，既然如此，那就安靜受死了吧！

在哀號聲中，你聽見了什麼？

是否也聽見了他們的懊悔聲？

因爲執著相信神的力量，也因爲執著相信自己的力量全部源自於神的賜予，讓該族群全然否定源自於自己身上的力量。我們可以這麼說，該民族早已滅亡了，因爲他們相信的是神力，並非相信自己，一個對自己全然不相信的民族，當然是不存在的了。

從最終驚人的畫面中深省，如果自己不相信自己，再多的外力幫助，對我們也無任何助益。就像學習腳踏車時一樣，當我們發覺幫助的手不在身後時，不相信自己可以克服前進的人，最終自然都會跌倒。

英國作家毛姆曾經寫道：「一經打擊，就喪志失意，甚至放棄努力的人，永遠是個失敗者。」

聰明的人都知道，當生命出現難關，應該期待的不是神蹟出現，而是要積極鼓勵自己，爲自己爭得生存的機會，由自己爭回生命自主的權利。

用愛心溫暖冷漠的世界

無論過去的人生際遇如何，在未來的日子裡，我們都要讓自己喚起隱藏已久的愛心，好讓這個已經夠冷漠的社會重見溫暖氣氛。

面對意外災難，只懂顧及自己性命卻不管他人生死是人之常情，不過，我們總是有幸能看見那些樂於無私付出，且不顧自身安危，勇於迎向危險，以化解更大災難的人！

下面的故事裡，有兩個大人物可以讓我們感佩與學習，一是加拿大科學家斯羅達博士，一是中國新疆的一位教師。

那天，斯羅達博士與同事們正在研究兩塊放在軌道上的濃縮鈾，他們要測驗這兩塊鈾對合的臨界質量。

但就在這個時候，博士撥動鈾塊的螺絲刀突然滑落，兩塊鈾跟著迅速滾動、接近，還發出了可怕的光。事實上，這正是人類聞之色變的「核」，兩塊鈾要是碰撞在一塊兒，瞬間便將是一場可怕的爆炸災難。

千鈞一髮間，博士果斷地用雙手將兩塊鈾撥開，大家鬆了一口氣，當下也避免了一起可怕的災難。

雖然災難沒有發生，但博士卻受了重傷，因爲他碰觸了高劑量的核輻射，最後犧牲了寶貴的生命。

當大家都知道事情嚴重性的時候，唯有博士捨身付出，這種偉大的精神自然永留人們的心中。和斯羅達博士一樣勇於付出的人還有新疆的一位老師。

有一年，新疆某個學校發生了一場火災，奪走了不少孩子的性命。

那天，火災發生時，數百名中學生爲了逃生，毫無目標地東奔西跑。孩子們完全找不到方向，學校中的大人們也只顧著自己逃命，鮮少有人想到孩子，除了翠芬老師以外！

這位老師一直沒有離開孩子們的身邊，不斷教導孩子如何互助離開，安撫孩子們的情緒，但這場火實在太大了，到最後連她自己也被煙嗆昏倒地。

就在她倒下的瞬間，還不忘用自己的身體護守著兩個沒來得及逃離的孩子，當大火撲滅後，救難人員發現翠芬老師被燒得焦黑的屍體。

她懷中的兩個孩子，一個雖然已死去，但身體完整無缺，而另一個尚有一絲氣息，經過急救，活了過來。

面對此景，家長看到十分感動，其中那個死去的孩子父親激動地說：「在學校，我把孩子交給您，我放心；在地下，我的孩子跟您走，我仍然放心！」

人走了，仍能留下如此溫暖的愛意，才是生命出現的重點，也是這個感人的

故事讓我們落淚之餘，能仍在心田間綻放微笑的原因。如此美麗的故事，如此美麗的人心，很難不讓人感動微笑啊！

博士與老師雖然走了，但他們留下來的慈愛與勇氣，無一不感動也啓發著你我，當社會現實越來越冷漠無情時，仔細想想，我們不也天天期待看見相同的大愛與勇氣？

無論過去的人生際遇如何，在未來的日子裡，我們都要讓自己喚起隱藏已久的愛心！

當然，這不是要大家在心裡期待發生相同的事以成全自己的大愛，而是要提醒人們不再以自私爲業，時時都能表現美麗人心，以累積小愛爲願，並隨時都能伸出雙手幫助世界，好讓這個已經夠冷漠的社會重見溫暖氣氛。

待人有禮貌，才能得到友善的回報

與人交談時，別忘了我們的微笑，那麼人與人之間自然能少一點對立仇恨，也自然能多得人們的一點體貼原諒，甚至是關鍵時候的幫助。

想想我們生活中，有多少事情是借助別人的力量而成？不論是方便取得的早餐，還是借助通行的交通工具，無論其中消費關係如何，總是因爲他人的幫助而有了更方便、更充實的日子，不是嗎？

人和人之間是互相需要的，所以才有機會互動，也因爲各自身上有所不足，才因此互補在一起。

不要輕視出現在在我們身邊的每一個人，正因爲有他們，我們才能擁有如此方便的生活。

如果你的人生路走得不順利，總認爲別人愛和你唱反調，老找你麻煩，或許該仔細思索一下，是不是自己愛擺高姿態，忽略了應有的禮貌呢？

某公司兩位經理一同到曼哈頓出差，其中一位看見對街馬路上有個書報攤，便要同事在原地等候，獨自走過去買報紙。

來到書報攤前，他隨手拿起一份報紙，掏著口袋裡的錢，這時才發現身上沒有零錢，只有紙鈔。於是，他拿了一張十元美鈔給小販：「找錢吧！」

未料小販聽了先是皺眉，接著不悅地對他說：「先生，我來這兒工作可不是專門給人找零錢的！」

經理聽了當然不悅，憤憤地丟下報紙，還狠狠地瞪了小販一眼，然後便回到站在對面馬路等他的同事身邊。

「眞是個怪人！」一回到同事身邊，他便急於宣洩心中的不滿情緒，伙伴也

很有耐心地聽他訴說。

聽完，同事笑著對他說：「別生氣了，你在這兒等著，我去試試。」

他的同事來到了報攤前，同樣拿出了十元美鈔，對小販這麼說：「先生，眞對不起，想請您能幫個忙，因爲我是外地來的，想買份報紙，可是，我身上沒有零錢，不知道您方不方便把錢找開？」

小販看了看他，同樣也先皺了皺眉，接著拿起一份報紙給他，然後說：「你先拿去看吧！不用付錢了，等你下次經過這兒時再給我就好。」

看完故事，聰明的你是否已領悟其中差別原因？

待人接物不能忘了給彼此尊重，我們都要以禮待人，無論站在什麼樣的角色位子，都不應當有高高在上的心態，對所有人都應該保持謙和有禮的態度。好像小販與消費者間，就不該有給錢的是大爺的想法，畢竟若非小販辛苦擺攤，我們也難有如此方便的購物環境。

與人交流時，別忘了我們的微笑，即便面對服務生，也不該只要求服務者微笑，包括我們自己，也應該給予相同的回應。

應對進退的時候，如果能像第二位經理的表現，禮貌地表達自己的謙恭和請求，相信多數人都能體貼諒解。

與人相處，要時時記得每個人都是站在齊平的地位上，沒有人理應接受我們命令式的要求，更沒有人應當忍受別人的頤指氣使。明白這個道理，人與人之間自然能少一點對立和仇恨，也自然能多得人們的一點體貼和原諒，甚至是關鍵時候的幫助。

不論得意或失意，都要保持純淨與謙恭，才能向上提升，就像俄國評論家別林斯基所說：「一切真正的和偉大的東西，都是淳樸而謙虛的。」

懂得放空自己的人，會懷抱著謙虛的心，容納各種新事物，絕對不會像目光狹隘的人，一味沾沾自喜於眼前的微小成就，因而會讓自己站得更高，看得更遠，望向更寬廣的視野。

做人要誠實，做事要踏實

開始的路並不好走，但未來的路更不易經營，既然一開始的辛苦路都能努力走來了，那麼未來的路更要多點心去經營，一點也不能鬆懈輕忽。

誠實，是做人的第一要則；踏實，是處世的第一要訣。對事業經營者來說，誠實與踏實更是不可或缺的成功秘訣。

一旦做人處世都失了「實在」二字，我們的生活路不只會越走越偏，也會越來越覺得孤獨無助，而且往往只要風雨迎面而來，便足以把我們從臨近終點處吹送回到原點，又得從頭來過。

一個人想要成功，除了要擁有別人欠缺的技能或創意之外，更重要的是必須要求自己「做人誠實，做事踏實」。

遭遇失敗挫折的人，不妨仔細回想一下，自己會落到寸步難行的田地，是不是忽略了這個基本原則？

阿匹是個極爲老實的人，因爲做人誠懇、熱情，在地方上很受人們喜愛。

最近，他和老婆在山下開間燒酒店，專賣自己釀製的燒酒，酒名取爲「小茅台」。人說「酒香不怕巷子深」，阿匹的小茅台很快便一傳十十傳百，傳遍了各方酒客的耳中，酒店生意快速爆紅，店內天天客滿，燒酒更是供不應求。

見到生意這麼好，阿匹夫妻倆當然要趁勝追擊，決定再添購一台燒酒設備，好擴大生產規模，增加酒的產量。

「這樣一來，我們不只可以供給更多酒給更多的客人，更能加快財富收入，早日發財啦！」阿匹老婆開心地對他說。

「的確，我明天就去買設備！」

有錢可賺當然好，阿匹自然同意老婆的提議，而且十分積極地行動，決定第二天便外出去購買設備。

行前，他把酒店的事交給了妻子，並一再叮囑妻子要善待每一位顧客，誠實經營，不要和顧客發生爭吵等等。

「好啦好啦，我知道啦！」妻子允諾了。

一個月後，阿匹終於回來了，老婆一看見丈夫，便得意揚揚地對著老公說：「你知道嗎？這幾天我想出了一個新的賺錢方法，方便又有效，像你那樣永遠都發不了財的。」

阿匹聽了，不解地問：「做生意不是靠信譽嗎？想想，我們製酒如此用心，賣售時給的量又足，價錢更是公道無人比得上，客人也因此越累積越多，這樣還不能發財？妳還有什麼方法？要加賣下酒菜嗎？」

「不是啦！你真是笨，像你這樣做生意怎麼能發財！我這幾天賺的錢可比過去一個月賺的還多。那秘訣就是……」阿匹的老婆說到這裡忽然降低了聲音，然後接著說：「我在酒裡加了水。」

「什麼！加水！」阿匹一聽，氣得臉都綠了，眞沒想到妻子竟然會做這樣的事，氣呼呼地說：「加水能賺錢？我們以後準備喝西北風了！」

一如阿匹預料的，酒中加水這件事早已被嘴尖的酒客發現了，雖然阿匹想盡辦法要他們相信那是個意外，但一被發現欺騙，客人們的信心便難以喚回了。阿匹家的生意日漸冷清，最終不得不關門歇業。

心不正，行不正，當然難得人們的信任，一旦人們不再願意相信，就算付出再多的努力，也難挽回原來的信譽，一如阿匹老婆的作爲。

我們都知道開始的路並不好走，但未來的路更不易經營，既然一開始的辛苦路都能努力走來了，那麼未來的路更要多點心去經營，一點也不能鬆懈輕忽。畢竟，其間若是有任何偏差，都會帶來「前功盡棄」的後果。

不希望發生這樣的結果，不妨先想想這個問題：「既然以前可以那樣堅持努力，未來爲何不能繼續？」

事實上，每當人們提到這個問題時，總有許多人藉口是因爲今日不同往日，不能放在一起比較。但究竟有多大的不同，讓人在今天非得如此算計，甚至是轉進投機且不切實際的作爲中？

不要遇到問題就慌亂了手腳，也不要走到得意時就自亂了陣腳，失去往日的踏實。發財夢人人都愛做，但眞正能一圓富貴夢的人，無論現實生活中遇上了什麼樣的情況，唯一會做的，就只有固守自己的本分與堅持。他們並不急於求取一切，只想用腳踏實地的態度，一步步走向心中夢想的目標。

沒有「囚籠」的玫瑰很快就會枯萎

沒有了「囚籠」的玫瑰，不敵外面世界的嚴苛與殘酷，很快就枯萎了。許多事情，總是要換個角度來看，才能明白。

在成長的過程中，是否曾經非常厭惡父母與長輩對自己的管教？他們立下的種種限制與規矩，是否曾經讓你感到快要窒息？

甚至或許，直到今日，你還是不得不常常面對父母或長輩對你種種的意見；對你生活上的許多小節，甚至於你的工作，他們都要耳提面命地叮嚀你，不論你喜歡或不喜歡……

在刺莓叢中，長著一枝鮮嫩嬌豔的玫瑰。這枝玫瑰總是覺得，周圍這些繁茂的刺莓，就像一個囚禁她的牢籠一樣，將她密密包圍著。

玫瑰總是向刺莓抱怨說：「唉，我在這兒什麼也享受不到！看不見燦爛的陽光，呼吸不到新鮮的空氣，外界的事物，什麼也不知道！我的芳香，我的姿色，我的優雅，也全被埋沒了！這些可惡的刺莓叢，眞讓人難以忍受！我恨不得你們通通都枯死掉，好讓我能自由自在地呼吸、展露自己！」

刺莓聽了，答道：「富於幻想的年輕人啊，妳的目光多麼短淺！難道妳完全沒有察覺到我對妳的好處？是我的枝條爲妳遮擋夏日的驕陽，保護妳免遭強風熱沙的侵擾！是我的芒刺織成圍牆，阻止粗俗的手把妳摘走！」

玫瑰花氣得滿臉通紅，反駁道：「可惡的刺莓，你說的那些危險根本不存在，用不著你擔心！快滾開，到別的地方去吧！我不想再被你團團包圍，我就要憂鬱而死了。」

刺莓沒有再說什麼，只嘆了一口氣。有一天，一位農夫帶著鋒利的大剪刀走來，殘酷無情地把刺莓剪得一乾二淨，連一棵幼芽也不放過。

玫瑰如願以償，她勝利了。

她毫無遮蔽地將她的美麗展現在外，沐浴著晨光夜露，驕傲地盛開了嬌嫩芳香的花苞。她想：「我終於自由了！再也沒有東西能阻止我呼吸新鮮的空氣！」

但是，沒有刺莓的遮擋，風裹著塵土吹來，搖晃著她的枝條；火辣辣的太陽把她的葉子烤焦；粗魯的蝸牛吐出黏稠的唾液，把她的花蕾弄髒；花朵剛剛吐艷，貪婪的毛毛蟲就用牠那有毒的牙齒，拼命啃咬。

玫瑰很快褪了顏色，凋謝枯零。強風吹過平原，把她的枯焦的花瓣一掃而光。最後，美麗的玫瑰變成了又黑又醜的枯枝，凋蔽而死。

我們常常免不了會嫌棄父母總是在自己耳邊嘮叨，絮絮說著自己認為無關緊要的話語，擔心這個擔心那個，認為兒女不懂得待人處世，什麼事都不知道……

於是慢慢地，親子之間的感情出現了隔閡。

若我們從玫瑰的角度來看，固然會認爲刺莓所圍成的「囚籠」圈住了她的發展，圈住了她的自由，但最後，沒有了「囚籠」的玫瑰，卻不敵外面世界的嚴苛與殘酷，很快就枯萎了。

許多事情，總是要換個角度來看，才能眞正明白，玫瑰不但不該抱怨，還應回頭感謝刺莓默默地守護著她、爲她抵擋了許多的危害才對。

刺莓的包圍，並不是「囚籠」，反而是最安全的避風港！

回頭想想，一直最關心我們、對我們付出無私關愛的父母，他們又何嘗不是跟刺莓一樣呢？

罵人不必帶髒字

你可以用幽默的方式，
表達你的意思

幽默回應篇

美國作家豪說：「在蠻荒的古代，人們用斧頭相鬥，文明人埋掉了斧頭，他們的格鬥，靠的是舌頭。」

在用舌頭當武器的人性戰場上，如果，你想要「開罵」，不一定要出口成「髒」，不妨用「罵人不帶髒字」的方式進行調侃、反諷。幽默的說話方式，不僅可以爲彼此留下餘地，避免爆發衝突，而且更能發揮效用。

「罵人不帶髒字」的說話方式，是聰明人的回馬槍，往往能一槍刺中要害，讓對方認清自己的謬誤。

文彥博 編著

用幽默的心情，面對讓人抓狂的事情

幽默的人，不會為了小事情氣不停 II

WITH HUMOR FACED WITH CRAZY THING

塞德娜 編著

畢達哥拉斯曾說：

做自己感情的奴隸，
比做暴君的奴僕更為不幸。

成功的人，往往懂得控制自己的心境；失敗的人，則容易困在負面情緒裡作繭自縛。
面對那些讓人抓狂的事情，最重要的其實是先處理好自己的心情，這將決定你最後是化阻力為助力，
舉步向前邁進，抑或就此敗在惡劣的心情之下。當你準備處理事情之前，千萬別忘了先處理自己的心情。

感謝折磨你的人：挫折篇

作　　者　凌　越
社　　長　陳維都
藝術總監　黃聖文
編輯總監　王郡凌
出 版 者　普天出版家族有限公司
新北市汐止區忠二街 6 巷 15 號
TEL / (02) 26435033 (代表號)
FAX / (02) 26486465
E-mail：asia.books@msa.hinet.net
http://www.popu.com.tw/
郵政劃撥 19091443 陳維都帳戶
總 經 銷　旭昇圖書有限公司
新北市中和區中山路二段 352 號 2F
TEL / (02) 22451480 (代表號)
FAX / (02) 22451479
E-mail：s1686688@ms31.hinet.net
法律顧問　西華律師事務所・黃憲男律師
電腦排版　巨新電腦排版有限公司
印製裝訂　久裕印刷事業有限公司
出 版 日　2022 (民 111) 年 3 月第 1 版
ISBN◉978-986-389-810-8　條碼 9789863898108

國家圖書館出版品預行編目資料

感謝折磨你的人：挫折篇／
凌越著.—第 1 版.—：新北市,普天出版
民 111.3 面；公分. -（生活良品；45）
ISBN◉978-986-389-810-8（平裝）

生活良品
45

普天之下‧盡是好書
普天出版家族
Popular Press Family
凌雲文創
A-Plus Creative Company